ホセ=オルテガ=イ=
ガセット

オルテガ

● 人と思想

渡辺　修　著

138

CenturyBooks　清水書院

はじめに

スペインの首都マドリッド。その中心部コロン広場の一角にロウ人形館がある。この中を一巡するとスペインの歴史の全貌を垣間見ることが出来る。

まず西暦紀元前、イベリア半島へのローマの植民支配に抵抗して名を馳せた先住民族の英雄ビリアトを先頭に、ポエニ戦役のカルタゴの名将ハンニバル＝バルカ。続いてカエサル、クレオパトラ、ネロ、セネカ、そしてイスパニア出身最初のローマ皇帝トラヤヌス……といった共和制、帝制ローマ時代の人物が当時の時代考証にもとづいた衣服を身に立ち並ぶ。五世紀に入ると西ゴート族の諸王。そして八世紀初め北アフリカからイベリアに侵入したベルベル族のタリク＝ベン＝セイヤットが不気味な黒装束で登場するのをきっかけに、のち七〇〇年に及ぶイスラム支配時代（アンダルシア時代）の歴代カリフたちがターバン姿、続くレコンキスタ（キリスト教徒の国土回復運動）時代を経て一五世紀後半、最初のイスパニア王国を築いたフェルナンド（アラゴン王）・イサベル（カスティーリャ女王）夫妻が手をつないで優美な雰囲気を醸し出す。

このようにして登場人物はさらに続き、カルロス一世、フェリペ二世、そしてハプスブルク王家、ブルボン王家の複雑な血のしがらみを提示しつつ、一九世紀に入り、第一共和制、王政復古、第二共和制、そして最後は三五年余にわたって独裁政権を維持したフランコ将軍で第一展示館の幕を閉じる。スペイン史の教科書に現れる重要人物はほとんどすべて網羅されているといってよいだろう。しかもロウ人形とはいえ実物そっくりの人形に接すると文字で歴史をひもとくよりもはるかに理解しやすく迫力に富んでいることは言うまでもない。

第二展示館は、今日の立憲君主制を象徴するファン＝カルロス一世国王一家を中心にフェリペ＝ゴンサレスやアドルフォ＝スアレスら近年の歴代首相が立ち並ぶ場面から始まるのだが、スペイン国民にとって忘れられない歴史的事件、例えばアメリカ大陸発見のコロンブス（コロン）がインディオたちに供え物を捧げさせながらイサベル女王に帰朝報告をする場面とか、コンキスタドール（征服者）のコルテス（アステカ）、ピサロ（インカ）等々、一五世紀から一六世紀の大航海時代を彩る勇者たちが、それぞれ先住民に対面する劇的場面を再現させている。

スペイン美術が世界に誇るベラスケス、エル＝グレコ、ゴヤらそれぞれの代表作『官女たち』、『オルガス伯の埋葬』、『着衣のマハ』などの名場面をロウ人形で再現させ、その手前に本人たちがそれぞれキャンバスに向かって描いている様を作り上げている各コーナーは、大勢の見物客を足止めさせる迫力がある。『ドン＝キホーテ』の著作に専念するセルバンテスをはじめ、ピカソ、サルバドール＝ダリ、エジソン（米）、アインシュタイン（独）など今世紀に至る世界的芸術家、学者たちも勢揃いしている。そしてここでとくに注目したいのが、一九世紀末スペイン思想界を代表した学者・芸術家グループ「一八九八年の世代」が一堂に会した場面である。

日本ではややなじみ薄いが、哲学者のミゲル＝デ＝ウナムノ、作家ラモン＝ヒメネス、ピオ＝バローハ、アソリン、詩人のアントニオ＝マチャードら同グループの一八名がコーヒーを飲みながら談笑している場である。そしてそのほぼ中央に書面を左手に持って何ごとか熱心に訴えている人物がいる。これが本書でこれから紹介しようとしている著述家であり哲学者・文明思想家である「ホセ＝オルテガ＝イ＝ガセット」である。端正な目鼻立ち、渋い薄茶の三揃いスーツを着こなしたこの紳士は他と一味違う気品を漂わせている。いかにもオルテガらしい佇《たたずま》いだと筆者は思う。エリート主義、貴族趣味、保守・反動思想家……といった厳しい批判を一方で浴びながらも、スペインの近代化の必要と、さらにはヨーロッパの文明的危機を警告し続けたオルテガは、スペインの一思想家というより今世紀前半のヨーロッパを代表する大思想家なのである。フランスの作家アルベール＝カミュはオルテガを「ニーチェ以降のヨーロッパ最大の文筆家」と評した。

筆者が初めてオルテガの名を知ったのは四〇年以上前の学生時代にさかのぼるが、その名著『大衆の反逆』を本格的に読みだしたのは、三〇年前、新聞記者特派員としてヨーロッパに駐在していた頃からである。ヨーロッパを少しでも深く理解するためには、何よりもまずその歴史を、とくに文明史に明るくなる必要を痛感して、一連の書物に接した。ピレンヌ『ヨーロッパ世界の成立』、ホイジンガ『中世の秋』、シュペングラー『西洋の没落』などで、この頃『大衆の反逆』を併せ読み、その冷静な社会分析、透徹した時代認識、そして彼の大胆極まりない大衆社会批判論に驚愕《きょうがく》したものである。

「大衆とは、自分が「みんなと同じ」だと感じることを一向に苦とせず、それどころかむしろ自分が他人と同じだということに喜びを感じる人々すべてである。」

「現代の特徴は、凡俗な人間が、自分が凡俗であるのを知りながら、大胆にも凡俗であることの権利を主張し、それをあらゆる所で押し通そうとするところにある。」

そしてその「大衆が大衆であることをやめぬまま、少数派にとって代わりつつある……ごく近年の政治的革新とは、大衆が政治的支配権を握るようになったことだと思う」とオルテガは『大衆の反逆』の冒頭部分で述べながら、現代ヨーロッパの社会生活の重要事実として「これらの大衆が社会的勢力の中枢に躍り出たこと」の危険を訴えた。

俗物が社会を支配し、政治を支配するようなことになったら、どうなるのか？　真の意味での個人主義はすたれ、民主主義がファシズムになる危険が目に見えていることを、彼は懸命に警告したのである。この『大衆の反逆』が出版されたのは一九三〇年。イタリアではすでにムッソリーニがファシスト独裁政権を樹立していたし、三年後ドイツではヒトラーがナチ政権を誕生させ、また六年後にはスペインで内戦が勃発する。スペインではこのあとフランコ将軍の独裁政権「フランキスモ」体制が延々三五年余続くのである。オルテガは内戦開始と同時に妻子ともども故国スペインを離れ、フランス、アルゼンチン、ポルトガルなどへの亡命生活を余儀なくされ、再び故国の土を踏んだのは実に九年後の六二歳の時だった。

オルテガの時代感覚は抜群であり、未来への洞察力は極めて鋭い。しかもこの研ぎすまされたオ覚は尋常な平衡感覚とは違い、いずれかの固定観念に安住することをよしとしない柔軟性そのものである。だからよく指摘されるように、結果は全く逆であったのだが、当初は彼の大衆批判路線がプリモ＝デ＝リベラ将軍の独裁政権（一九二三～三〇）や内戦初期のフランコ政権に利用され、政策の理論的支えとなったのではないか、との批判を浴びたのである。またたしかにそうした誤解を招く言動もあったようである。しかし彼は、徹底した個人主義者であり、真の自由主義者である。そもそも誤解の原因となりがちな「大衆」という言葉は、オルテガ自らなんども説明しているように、「社会階級の区分ではなく、人間の区分であって、上層、下層の階級序列とは違う」のである。

マドリッド市内にオルテガ研究のメッカともいえる「ホセ＝オルテガ＝イ＝ガセット財団」がある。一九九四年夏、筆者はここを訪ねた。事務局長をつとめているオルテガの専門家アントニオ＝ラモス教授は筆者に「ヨーロッパでもオルテガを貴族主義、保守反動思想家とみなす人はいる。たしかに彼は極端なエリート主義者だ。しかしそれは表面的に読むからで、大事な点は彼のいう大衆とは、あくまで経済的な意味での大衆ではなく、精神的な意味での大衆だということだ」と熱っぽく語った。

オルテガは本来の政治学者ではないし、また通常の社会学者でもない。彼は若いころドイツに学び新カント派の影響を強く受けながら、自ら生みだした生の哲学「生の理性」や、有名な命題「私は私と私の環境」、さらに「遠近法」というユニークな哲学理念と思考方式によって、二〇世紀ヨーロッパ思想界に巨大な波紋を投じた思想家である。しかも彼は「輪転機の上に生まれた」とよく引用されるように、生粋のジャーナリスト一家という家庭環境に生まれ育っている。彼の文筆活動の大半は、当時のスペインあるいはヨーロッパのジャーナリズムの先端を切っていた。言ってみればオルテガは卓越した時代感覚を身につけた哲学者であり、ジャーナリストでもあった。

筆者がオルテガの大衆社会論に最初に大きなショックを受けたのは、戦後の経済成長期に入り民主主義と平等を至上価値としてきた日本の社会に適用してみたらどうだろう、まるで日本の社会批判そのものの言辞ではあるまいか、と感じたからである。そしてこの考えは未だに変わっていない。今日の日本の政治不信、社会のあらゆる分野にわたる権威の喪失、平等主義の蔓延……いまこそオルテガの書をじっくり読み直し再評価すべき時期ではなかろうか、と思うのである。

さらにオルテガは、『大衆の反逆』をはじめ、その膨大な著作の中で、何か所かにわたり、いつの日か複数のヨーロッパ諸国が統一されてヨーロッパ合衆国が実現する夢を描いている。危機にたつヨーロッパ文明、言い換えればヨーロッパ没落の危機を救う方策としてその統合を真剣に考えていた。そして今日スペインはEU（ヨーロッパ連合）加盟国の一員であり、しかも面積、人口からみて五番目の大国である。「ピレネー山脈を境としてスペインはアフリカに属する」といった古来のスペイン＝アフリカ論はもはや時代錯誤となりつつある。もし現在オルテガが生きているとしたら、会心の笑みを漏らしているかもしれない。彼がもっとも心血を注いだスペインの欧州化、近代化が現実になりつつあるからだ。とはいえ、今日のスペインの国家・社会体制が十分に安定しているかどうかは別問題である。冒頭に紹介したロウ人形館内の「九八年の世代」グループ会合の場面は、実は当時の「テルトゥリア」（同僚や知人たちとの公私にわたる知的話し合い＝寄り合い）を再現したものだ。この会合は、市内目抜き通りパセオ・デ・レコレートスにあるカフェー「ヒホン」でしばしば開かれた。カフェー「ヒホン」は今日なお健在で、朝から知識人たちが新聞・雑誌に目を通しながら、相変わらず政治や芸術談議に花を咲かせている。

目次

はじめに……三

I 生い立ちと生涯

恵まれた環境とドイツ留学……一四
「一八九八年の世代」……二七
政治教育連盟の創設と出版活動……四〇
ヨーロッパ知性の導入と政治活動……五三
内戦勃発と亡命生活……七〇
晩年の活動……八五

II 思想の主要テーマ

二〇世紀思想の新しい流れ……一〇三
木々が森を見せない……一一一
相対主義と理性主義への批判……一一九
ドン=キホーテとドン=ファン……一二七

文明の境界線……一三六
スペインについて……一四六
エリートと大衆……一五四
歴史的パースペクティヴ……一六三
政治思想……一七二
自由主義と民主主義……一七八
国家論とヨーロッパ統合……一八六

あとがき……一九五
年　譜……一九八
参考文献……二〇八
さくいん……二一三

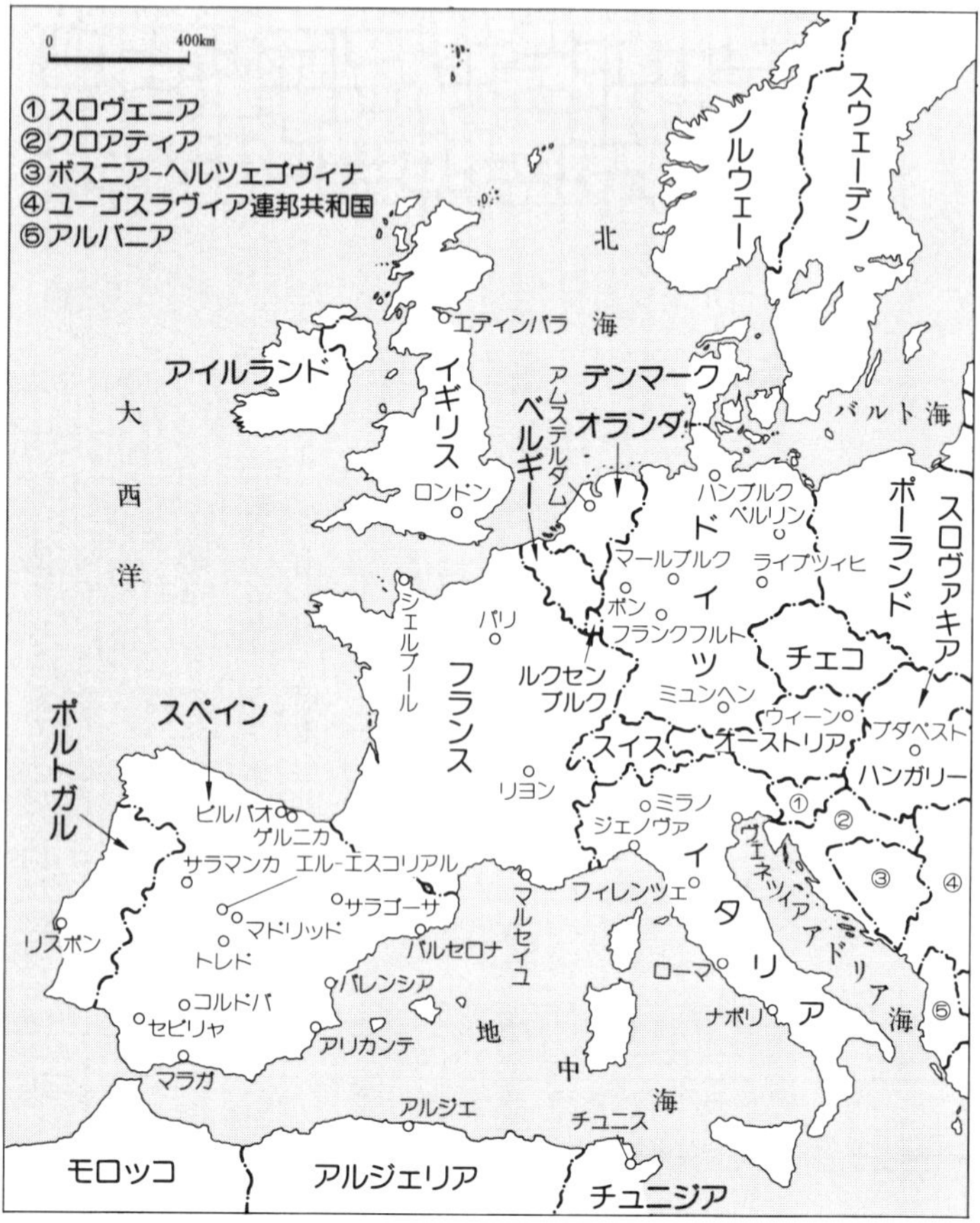

オルテガ関連地図
(現在のヨーロッパ地図)

I　生い立ちと生涯

恵まれた環境とドイツ留学

ジャーナリストの家系

オルテガは、一八八三年五月九日、マドリッド市内アルフォンソ一二世街四番地で生まれた。一八八三年という年はカール＝マルクスとリヒャルト＝ワグナーが死去し、J＝M＝ケインズとベニート＝ムッソリーニが生まれた年であり、日本では岩倉具視が死去し、鹿鳴館がオープンした明治一六年にあたる。

父ホセ＝オルテガ＝ムニーリャ、母ドロレス＝ガセット＝イ＝チンチーリャとの間に次男として生まれた。正式な名前は母方の姓を入れた「ホセ＝オルテガ＝イ＝ガセット」（José Ortega y Gasset）である。

父は高名な作家兼ジャーナリストで、当時の大新聞「エル-インパルシアル（公正）」に勤め、幅広い文筆活動をしていた。そしてこの新聞のオーナーが母ドロレスの実父エドゥアルド＝ガセット＝イ＝アルティメであった。「エル-インパルシアル」紙は二〇世紀初頭のスペインでは最大有力紙の一つで、オルテガには母方祖父にあたるエドゥアルドが一八六七年に創設し、リベラルな大新聞に育てあげたものだった。父ムニーリャはこの新聞でとくに高い見識を誇っていた文化版別冊「エル-ルネス（月曜日）」の編集長をしており、一九〇〇年からは重役の座についた。ムニーリャの父オルテガ=サパタも政治問題を中心とするジャーナリストであり、祖父エドゥアルドにとってはまさしく眼鏡にかなった娘婿だった。このように二代にわたる新聞一家という家庭の中で、オルテガは育つ。後年彼が「私は輪転機の上に生まれた」としばしば口にするように、文字通り活字の中に生まれたのである。彼の生涯を通じての膨大な著作のほとんどが、まず新聞や雑誌に発表されたことは、こうした幼少時の家庭環境が多分に影響している。

父ムニーリャ

　父ムニーリャは新聞社の仕事以外に、パドロン（スペイン北西ガリシア地方の最西端）の議会（コルテス）議員をつとめていたので、非常に多忙な毎日だった。また父は仕事上知識人たちとの集会「テルトゥリア」に始終顔を出していたため、オルテガは幼少時から、文学や政治についての話題を耳にして育った。また新聞社主一族ということで、彼の幼少時代の家庭は物質的にもたいへん恵まれていた。加えて母ドロレスは極めて教育熱心で、オルテガは一八八七年、四歳の時に本を読みはじめ、七歳の時にはセルバンテスの『ドン=キホーテ』第一部を暗記したことで、褒美《ほうび》として両親から木馬をプレゼントされた。

　当時のスペインの識字率が二八・四%だったことを考えると、オルテガをめぐる環境がいかに恵まれたものだったかが分かる。スペインの識字率は他のヨーロッパ諸国、例えばフランス、ドイツなどスペイン以北の国々に比べて非常に低く、しかも一向に改善されなかった。一九三〇年になっても識字率は五六%しかなかった。これはオルテガのようにスペインの近代化の必要を叫ぶ人々にとって、極めて重要な問題だった。一人でも多くの人が十分に読み書きできるようになることこそ「近代社会」を作るうえの必須条件でありまた生存するための基本条件でもあったのだ。こうした背景があったからこそ、オルテガは後年教育事業に心血を注ぐのである。

エル-エスコリアル-モナステリオ（修道院）の全景

エスコリアルの森

オルテガには幼少時代何人かの家庭教師がついており、教育はマドリッドか夏別荘のあるエル-エスコリアルで行われた。エル-エスコリアルはマドリッドから西へ約四〇キロ、グアダラーマ山脈の南斜面、アバントス山の麓にある古い町だが、ここにある壮大なモナステリオ（修道院）が世界的に有名で、今日もスペインを訪れる観光客の多くが必ず立ち寄る所だ。一五六三年、スペイン国王フェリペ二世が建てたこの建造物は、修道院とはいっても教会を中心に宮殿、政庁、霊廟、修道院、大学、図書館を一体化したルネサンス様式の大複合建築で、事実上フェリペ二世の居城として使われた。フェリペ二世は美食がたたってか、晩年痛風に悩みそれをこじらせて壊疽《えそ》症状を起こし、日常の立ち居振る舞いもままならず、自分の寝室からドア一つへだてたすぐ隣りが教会聖堂、反対側が政務を司る書斎という特殊な設計の中で暮らしていたようである。

この居城の周辺は延々と広がる林と森である。夏には緑濃いとねりこや、樫の樹々で覆われる。オルテガは幼少時からこの森をことのほか愛したようだ。「エル-エスコリアル修道院は丘の上にそびえている。この丘の南斜面は樫やとねりこの樹々に覆われながら下っている……修道院の灰色の巨大な建造物は、この樹木の厚い毛布のために、季節によってその性格を変化させる。冬は銅色、秋は黄色、夏は濃緑色になる。そして春はあっという間に通り過ぎ、まぶしいばかりの新緑の豊かな葉の茂りに覆われる。……」オルテガは一九一四年、三一歳の時に初めて出版した『ドン=キホーテに関する省察』の冒頭部分「予備的省察」をこう書き起こしている。

そして彼は、この森の実態をとらえようとする。「何本の木があれば森になるのか？　何軒の家があれば一つの町になるのか？……ゲルマンの諺に、木を見ると森が見えない、とあるように、森林と都市は本来底が深いもので、この底を覗こうとすると表面しか見えないという宿命を負っている。いま私の周りに二ダースほどの荘重な樫の木と優雅なとねりこの木がある。これが一つの森だろうか？　明らかに違う。ここで私が見ているのは森の中の何本かの木々である。本当の森は私には見えない木々で構成されている。森とは目に見えない自然であり、森という名称はあらゆる言語において神秘的な光を残しているのである。……」（『ドン=キホーテに関する省察』より）。これこそ幼少時代からオルテガが慣れ親しんだエスコリアルの森である。そしてこうした観察と思索の結果

母ドロレスと兄弟たち　1888年

生まれてきたのが、のちにオルテガ哲学の根幹をなすこととなる命題「私は私と私の環境」、「生の理性」理念、「遠近法」思考方式の原型なのだ。

カトリック教育への不信

少年オルテガは、スペイン語はもとより、フランス語の書物をも熱心に読み学んだ。そして一八九一年、八歳になったオルテガは、母親の強い希望で兄エドゥアルドとともに、マラガ（南スペイン、アンダルシア地方）の近郊ミラフローレス-デル-パロにあるカトリック-イエズス会経営の聖エスタニスラオ-デ-コスツカ学院に入学した。この学校に六年間、一八九七年まで在学するが、この間オルテガはギリシャ語とラテン語の学習にも励んだ。しかしこの六年間は決して楽しいものではなかったようだ。むしろオルテガ一家の熱心なカトリック信仰の中で育てられたにも拘らず、彼の教会への不信感、とくに後年のイエズス会批判は、この頃すでに芽生えたようである。一九一〇年、彼は友人ラモン＝ペレス＝デ＝アヤラが出版したイエズス会のモットー『神のより大きな栄光のために』へ寄せた評論文の中で、イエズス会の独善性と無知に対して〝悲しみと苦しみ〟を感じると書いたし、その二年前にも「われわれの中に社会主義が見出す最初の敵は、市民の無知と聖職者たちの狡猾さである。聖職者は、市民への働きかけに効果をあげそれを永続させようとした」との感想を公けにしている。このマラガ時代の経験からオルテガは、スペインの近代化、文化的復興にとって何よりも必要なことは、教育の合理主義化、世俗（非宗教教育）化だという信念を確固たるものにしたともいえよう。

しかしそれでも彼の学業成績は抜群のものだったらしい。一八九七年、同じイエズス会系のデウスト大学（北スペイン、ビルバオ市）に進学し、法律と哲学と文学を学んだ。そして翌一八九八年にはマドリッド中央大学に移り、一九〇二年に一九歳で哲学・文学学士号を取得。一九〇四年には「紀元一〇〇〇年の恐怖＝ある伝説の批判」（Los terrores del año 1000）と題する論文で博士号を取った（この論文の内容は発表されていない）。

カント研究を志し

オルテガはマドリッド大学で哲学博士号を取得した翌年の一九〇五年四月から、約三年間にわたってドイツに留学した。ライプツィヒ、ベルリン、マールブルクを拠点として、各地の大学で、主として哲学の講義を受けることになる。オルテガはまずライプツィヒを訪れ、同年一一月までライプツィヒ大学でウィルヘルム＝ヴント（一八三二〜一九二〇）に哲学と心理学を学んだ。

一七世紀末の数学者・哲学者ライプニッツをはじめ、一八世紀ドイツ文学を代表するレッシング、ノヴァーリス、一九世紀に入ってはニーチェ、ワグナー……これらの逸材はすべてライプツィヒ大学で学んだ。さらにこの大学とは切り離せない縁を持つ最重要人物は、文豪ゲーテである。ゲーテは一六歳の時にライプツィヒ大学の門を叩いて以来、終生この町と深い関わり合いを持っていた。楽聖ヨハン＝セバスチアン＝バッハを筆頭に、モーツァルト、リスト、メンデルスゾーン、シューマン……と、ドイツ音楽の巨匠たちの町でもある。マドリッドの「文化的後進性」に息づまる思いをしていたオルテガの眼には、ライプツィヒは期待と希望に満ちた輝かしい都会と映っていたに違いない。

とはいうものの、オルテガはドイツには一人の知人もいなかった。またドイツ語は、ある程度の基礎知識は持っていたものの、ほとんど実生活には役立たないものだったらしい。不安と自己嫌悪が次第に高じて、ノイローゼ気味になっていったようである。ライプツィヒに着いてから数か月の間に、父ムニーリャやマドリッドにいる詩人で親友のフランシスコ＝ナバロ＝ラデスマ（愛称パコ）に送った手紙の中でこうした心境を切々と訴えている。

「親愛なる父上、あなたはとても良いときに手紙を下さいました。ひどい孤独感に襲われ、元気がなく、自分が信じられなくなっていた、ちょうどその時期でした。あなたの手紙で不安に耐え、精神的危機を乗り切ることが出来ます。……」

「親愛なるパコへ……言葉が分からなければ人間は生まれたての赤ん坊と同じだ。一番大切な自信と理想をなくしたら、その人間はそこに実在しないか、あるいは幼児であるかのいずれかだ。……私は泣かなかったが、それに近い淋しい状態だった。……」

「親愛なるパコへ……ここではあらゆることが違っていて難しい。ドアの開け閉め、コーヒーの注文の仕方、乗り物の乗り方、シーツと毛布でなくカケ布団で寝る方法……」

そして同年八月九日、ナバロ宛の手紙では、自分はいったい何をして生きてゆくべきか、言語学、哲学？　たとえ「エル＝インパルシアル」紙の編集長になったところで、一体それが何の意味があるのだろうか？　と極度の自己不信感をあらわにしている。

父ムニーリャとナバロの二人は、早く友達を作れと励ますが、オルテガはそんな手易いことではないと答え、言葉の問題も含めて、ほとんど沈黙の孤独生活を強いられていた。

しかし同年秋、オルテガはライプツィヒからベルリンに引っ越し、精神的にも大きく変化する。ベルリンに移った目的は、ライプツィヒよりももっと充実した図書館を探すことと、当時「ニーチェ」と「ショーペンハウアー」に関する本を出したばかりのゲオルク＝ジンメル（一八五八～一九一八、哲学者で近代社会学の祖）のベルリン大学での講義に出席するためだった。ジンメル教授の講義を聞くかたわら、オルテガはライプツィヒ時代からのカント研究を続ける。そして翌一九〇六年春までベルリンにとどまった。

オルテガはいったんスペインに帰るが、同年六月、奨学金を得て再びベルリンに戻った。そして一一月一七日に、四〇〇キロも西に離れたマールブルクの大学に入学する。カント研究に打ち込むオルテガにとって、こんどの旅はそれまで以上にはっきりした目的を持った旅であった。何故ならマールブルク大学は、一八九〇年代以降ドイツで最も影響力のある新カント学派の拠点だったからである。

マールブルク大学で

ドイツのほぼ中央部、ラーン川に沿う中世都市マールブルク大学は、一六世紀マルティン＝ルターとツウィングリの二大宗教改革者が歴史的「マールブルク宗教会談」（一五二九）を行った場所として名高いが、その頃に創設されたフィリプス大学は、以後数多くの碩学・泰斗を生みだし、一九世紀初めにはグリム兄弟が通ったことでも名高い。オルテガが訪れた今世紀初め、このマールブルク大学の教壇では、新カント学派で知られるヘルマン＝コーエン教授（一八四二～一九一八）が哲学を、またパウル＝ナトルプ教授（一八五四～一九二四）が一般心理学と教育学を教えていた。オルテガはこの二人、とくにコーエン教授の影響を深く受けることになる。ドイツ留学時代にオルテガが最も真剣に学んだのはこのマールブルク大学であり、一九〇七年の大半はここで過ごす。同年末、オルテガはマドリッドに帰国し、本格的な文筆活動と最初の教職業務に就くのだが、四年後の一九一一年には新婚早々のローサ＝スポットルノ夫人を伴って再びマールブルクを訪れ、この地に居を定め約一年間滞在した。マールブルクという町と、コーエンへのよほどの思い入れがあったからに違いない。オルテガは一九〇九年、コーエンのことを「生存する最も偉大な哲学者」と呼んだが、何が彼をそこまで惹きつけたのだろうか。

コーエンは、カント研究に全力を注いだ。そしてカント哲学の修正を試み、カントの論理的知識を排して直観の知識を説き、物自体の観念にも反対した。「思惟は生産的なものであり、また構成的なものである。すべての知識は思惟そのものによって成立する。思惟は本来静的なものではなく動的なものであり、時間、空間というようなものも思惟の必然的発展にほかならない。感覚はまだ実在の知識とは言えず、単なる指標に過ぎない。……」いわゆる「マールブルク派」としてのこの立場は、だからといってカント哲学の根源をゆるがすものではない。むしろ実証哲学やドイツ理想主義、ウィルヘルム＝ディルタイ（一八三三〜一九一一）の「生の哲学」のような反カント的立場から、カントを擁護する場でもあったのだ。それならばオルテガはコーエンの影響を受けて、完全な新カント主義を奉じたのだろうか。

オルテガは、カントの批判哲学に埋没していたドイツからスペインに帰国直後、『ルナン』（Renan 一九〇九）と『天国のアダム』（Adán en el paraíso 一九一〇）というエッセーを書いた。後者は天国のアダムという文化の形式をとって、統合された世界のモデルを作り、実質的にすべての事物の相関関係を描こうとしたもので、コーエンの構造的認識論の影響を多分に受けたものとみられた。オルテガの高弟であり、オルテガ研究の第一人者であるフリアン＝マリアス（一九一四〜 Julián Marías）教授は、こうしたオルテガ初期のエッセーにはマールブルク哲学のレッテルがはられているが、これらにはすでに後期の「生の哲学」つまり「私と私の環境」論の萌芽が見られる、と述べている。オルテガ自身のちに「マールブルクで一九〇七〜一九一一年の間に哲学を学んだ若者は、もし彼らが思想的に一人前になっているべき二六歳に達していたならば、もはや新カント主義者とは言えない。だがわれわれは完全に時間をむだにしたわけではない。われわれはカントを真剣に学んだ。これは決して軽視出来ないことなのだ」と書いており、後年の彼の「生の哲学」が、直接マールブルクからではないにせよ、カントを乗り越えて生まれでたことを匂わせている。

マールブルク時代の成果としては、コーエンの影響もさることながら、実質的にはむしろパウル＝ナトルプ教授の「市民教育論」から受けた影響のほうが大きいと言えるかもしれない。ナトルプの教育理論は主にペスタロッチ（一七四六〜一八二七）理論で、その性格教育論がナトルプの立場と一致した。つまり社会の「生」の質は、その社会を構成する人々の市民的性格によっている、という考えで、その結果、社会の改良は市民教育によって実現しうる、とするものだった。この理論がオルテガのその後の思想や行動を促す大きな動機になったことは確かなようである。

自由教育の必要性

オルテガのマラガ時代からマドリッド大学時代、そしてドイツ留学時代にかけての時期、すなわち一九世紀末から二〇世紀初めにかけてのスペイン国内の、政治状況、思想状況は文字通り混乱を極めていた。前に触れたように、マラガ時代のオルテガはカトリック教会、とくにイエズス会の教育方針に根本的疑問を持ち、教会から独立した真の「教育の世俗化」の必要性を痛感していた。そしてそうした必要性を感じていた人間はオルテガだけではなく、彼が生まれる前からスペイン国内には、これを改革しようとする動きがあった。

一八七六年、のちにオルテガの最も尊敬する人物となるフランシスコ＝ヒネル＝デ＝ロス＝リオス（一八三九〜一九一五）が、スペイン国内に「自由教育学院」（ILE＝Institución Libre de Enseñanza）を設立した。この研究所は、個々の人間の才能を自由に発展させ、「すべての人々」を教育することに重点を置いた。学生は「ものを教わる」のではなく、自分たち自身で「考える」ことを重視した。試験よりも参加することのほうが重要であり、特殊教育より一般教育に力点を置いた。教育方法は斬新で、アンケート、小旅行、男女共学などを取り入れ、学問対象も生物学や社会学に重点を置いて、自然や大衆文化への関心を高めようとした。教育自由化への革命的試みだった。

だがこの小さな研究所は、まだ社会全般に影響を及ぼすほどの力はなかった。とくに、カトリックの宗教教育というスペインの古い体質の染みついた人々や、識字率の低いという旧態依然として見捨てられたままの大衆には縁遠いものだった。したがってリベラルあるいは進歩的中産階級の改革といったような、本格的政治・社会改革を意図するにはほど遠かった。しかしこうした考えを地道に政治活動へ結びつけようとする人々もいた。同じくオルテガに多大な影響を及ぼすホアキン＝コスタ（一八四四〜一九一一）をリーダーとするグループであった。

一九世紀のスペインは、国王カルロス四世（在位一七八八〜一八〇八）治下の一八〇五年に、スペイン・フランス連合艦隊がトラファルガル海戦でネルソン提督率いるイギリス艦隊に敗れたのを象徴的出来事として、往年のヨーロッパ超大国としてのイメージが決定的に衰えてゆく。王位継承をめぐっての二回にわたるカルリスタ戦争（王弟ドン＝カルロス支持派と、女王イサベル二世の実母で摂政をつとめたマリア＝クリスチーナ派との戦争で一八三三年から七年間続いた）をはじめ、各種の陰謀、フィゲーラスら共和主義者の内乱、第一共和国宣言などを経て、一八七五年ようやくイサベル二世の息子アルフォンソ一二世による「王政復古」が実現する。しかし国内政治は、他のヨーロッパ諸国に比べて、近代化への動きが著しく遅れていた。アルフォンソ一二世の指南役カノバス＝デル＝カスティーリョの進言もあってか、中央政治は保守党と自由党の二大政党による政権たらい回し、一方地方政治はほとんどが「カシケ」（暴君とか独裁者の意味だが、本来は金権政治などを得意とする地方ボスのこと）に仕切られていた。

ホアキン＝コスタは、このカシケ政治に猛反発し、これこそがスペイン近代化へのガンとみなして、真の地方自治の確立を訴えるとともに、教育の世俗化、司法権の独立、効果的工業生産……などを中央政界に提言していた。

「一八九八年の世代」

内憂外患のスペイン

一九世紀後半から二〇世紀へかけてのスペインは、内外ともに多事多難だった。アルフォンソ一二世による「王政復古」が実現し、事実上カノバスによる専制政治は新イスパニア憲法の発布（一八七六）などで、国内政治は表向き安定したかに見えたが、先に述べたように、中央は保守、自由両党の政権たらい回し、地方はカシケによるボス支配にまかせっきりにしていたため、スペインが長年にわたって抱えてきた矛盾と緊張が急速に表面化したのである。その一つは軍人の台頭、いわゆる「軍事蜂起」（プロヌンシアメント）であり、もう一つは地域分立主義の強大化である。この二要素が絡み合って、地方各州、とくにカタルーニャとバスクの独立運動が活発になった（この運動は今日なお盛んで、スペイン内政の最重要課題になっている）。一八八五年アルフォンソ一二世が天折《ようせつ》、王妃マリア＝クリスチーナ＝ハプスブルクが摂政となって、アルフォンソ一三世の時代に入るのだが、政敵が多かったカノバスは失脚、代わって自由党のサガスタが実権を握るようになった。

そしてこの時期、スペインは対外的に最悪の事態を迎えていた。一六世紀いらいスペインの植民地だったキューバ、プエルトリコ、フィリピンで独立運動が起こり、この内乱鎮圧にいずれも失敗した。そして一八九八年、アメリカの帝国主義政策の典型として米西戦争が勃発、これに敗れたスペインは海外植民地をすべて失い、「黄金のスペイン帝国」はここで事実上終焉を告げたのである。

クラウゼ主義と「一八九八年の世代」グループ

この頃、先に述べたフランシスコ＝ヒネルやホアキン＝コスタの社会改革運動が起こるのだが、これに前後して、一九世紀後半のスペイン思想界には二つの大きな潮流があった。一つは「クラウゼ主義」、もう一つは「一八九八年の世代」グループの思想である。そしてこの二つがそれぞれオルテガ思想に重要な影響を及ぼすのである。

「クラウゼ主義」はドイツの哲学者カール＝クリスチアン＝フリードリヒ＝クラウゼ（一七八一～一八三二）の汎神論哲学を土台としたものだ。一八四三年、国費留学生としてドイツに学んだフリアン＝サンス＝デル＝リオという青年が、スペインに持ち帰ったもので、この考え方によれば、誤りはこの世にあるのではなく、理性の法則によって生きようとしない人々自身の中にあるのだという。現実的に言えば、クラウゼ主義は、改革への人道的な欲求の基礎となるもので、「理性と人間の完全性」を確信することで社会の直線的進歩に達するという信念である。「理性の力」と「人間の能力」に確信を抱かせようとするこの考え方はリベラルな世代の中で、とくに教育分野で大きな反響を呼んだ。そしてフランシスコ＝ヒネルが「自由教育学院」設立を決意した背景には、この思想が強く働いていた。

オルテガにとっても、クラウゼ主義は新鮮な魅力を持っていた。しかしクラウゼ主義は次第にその倫理的、人格主義的な側面ばかりが強調され、オルテガはやがて疑念を持ち始める。何故ならオルテガは、この人格偏重主義的な考え方こそ、スペインの知的、精神的発展を遅らせてきた原因とみなしていたからである。彼がドイツ留学を志す大きな動機の一つに、クラウゼならぬカントやヘーゲル、フィヒテ、ニーチェ……といったドイツ哲学の本流を見極めたい、そしてそれこそがスペインの「近代化」、「ヨーロッパ化」への足掛かりになるとの期待と確信が秘められていたと言えるだろう。

「一八九八年の世代」は、文字通りスペインが一八九八年の米西戦争で敗れ、国威を完全に失墜した当時、国内でスペインの文化的、知的復興を唱えていた一群の作家、詩人、哲学者ら質の高い知識人グループのことであり、のちにジャーナリズムによってこのように名づけられた。このグループの活動ぶりについては、P＝ライン＝エントラルゴ著『スペイン一八九八年の世代』などで詳しく紹介されているが、大体次の人々がその代表格だったようだ。これらの人々は、いずれもオルテガの生涯に決定的な影響を及ぼすことになる。

ミゲル＝デ＝ウナムノ（一八六四〜一九三六）＝作家、詩人、哲学者、評論家

ホセ＝マルチネス＝ルイス（筆名アソリン　一八七三〜一九六七）＝作家、散文家

バリェ＝インクラン（一八六六〜一九三六）＝作家

ハシント＝ベナベンテ（一八六六～一九五四）＝劇作家
ピオ＝バローハ（一八七二～一九五六）＝作家
アントニオ＝マチャード（一八七五～一九三九）＝詩人
ファン＝ラモン＝ヒメネス（一八八一～一九五八）＝詩人
ラミロ＝デ＝マエストゥ（一八七四～一九三六）＝哲学者、ジャーナリスト

いずれも二〇世紀のスペイン思想形成に重要な役割を果たした人々だが、彼らを結びつけたきずなは、一八九八年米西戦争での敗北によって、スペイン人すべてに及んだ挫折感をどう救い、スペインの誇りをどう取り戻すかという歴史的使命感にあったことはいうまでもなかろう。ただし、それなら彼らは一致団結してこの精神的危機の打開を計ったのか、と短絡的に考えると誤解が生じる。彼らの多くは、戦争回避のためには何もしなかったし、また出来なかった。むしろ敗戦の現実の中で、知識人としての反省と自己批判、自己弁護に終始したともいえる。彼らは敗戦を招いた旧政治体制を批判し弾劾したが、それに代わるべき新しい政治理念について、具体的な提案を行った訳でもない。ただ共通して彼らの頭の中にあった課題は、「新しいスペイン」をどうとらえ、復興させるかという点だった。

ミゲル=デ=ウナムノ

「九八年の世代」グループの実質的リーダーは、最年長のミゲル=デ=ウナムノ（Miguel de Unamuno）である。オルテガにとっては恩師であり、終生敬愛する友であり、また生涯の論敵でもあった。ウナムノはマチャード、ラモン=ヒメネスとともに、同世代のスペイン三大詩人の一人だが、文学だけではなく、膨大な量に及ぶ評論活動を通して、思想界全般に、政治に、大学教育に多大な影響を与えた。こうした著作の中で、青年期を迎えようとしていたオルテガに、決定的なインパクトを与えたのが、『国粋精神をめぐって』（一九〇二）と『ドン=キホーテとサンチョの生涯』（一九〇五）であった。前者は、イスパニア世界への合理主義と科学の導入を訴えた「スペインのヨーロッパ化」論。後者は、ドン=キホーテとサンチョ=パンサというセルバンテスが創造した二人の人物を、スペイン精神の象徴としてとらえた評論である。スペイン民族のアイデンティティについて考え悩んでいたオルテガに、目から鱗《うろこ》が落ちるような効果をもたらしたようだ。

ミゲル=デ=ウナムノ　師であり，論敵でもあった。

オルテガがそのウナムノと現実に初対面したのは、奇しくも一八九八年、スペインが米西戦争に敗北した年で、オルテガが一五歳の時だった。オルテガは前年マラガからビルバオのデウスト大学にいったん入学するが、九八年にマドリッド大学に正式入学する前に、サラマンカ大学（スペイン西部の古都）で資格試験を受けた。その時の試験官がウナムノだったのである。そしてこれを縁に、二人の長年にわたる子弟・交友関係が続く。しかし後年二人は、スペインのアイデンティティをめぐって、スペイン独自の伝統と文化を重視するウナムノと、あくまでもスペインのヨーロッパ化を主張するオルテガとの意見対立が深刻化し、一時は袂を分かつ時期もあったようだ。

ウナムノの指導を公私にわたって受けたオルテガは、マドリッド大学在学中に勉学の的を法律から哲学にしぼっていた。一九〇二年、一九歳で同大学を卒業したオルテガは、同年一二月、マドリッドのジャーナル「ビダ＝ヌエバ（新生活）」誌に、最初のエッセー『グローサス』（注釈集）を発表した。これをきっかけに彼の公けの文筆活動が始まるのである。このエッセーのテーマは「個性的批評について」というもので、ある情熱的戦士に身を扮し、「批評」の重要性を強調、不毛な客観性から解放されるものこそ批評なのだと説く。そしてこの最初のエッセーの中ですでにオルテガは、後年彼の哲学的アプローチの根幹をなす「遠近法」（エスコルソ＝パースペクティヴ）理論の最も初期的な姿を散見させる。さらにこの寄稿文の中でオルテガは、自分はジャーナリストであり批評家であると宣言した。二年後の一九〇四年に、論文「紀元一〇〇〇年の恐怖」でマドリッド大学から博士号を取得したことはすでに述べたが、この前後にオルテガは、メーテルリンク（ベルギーの詩人・劇作家。一八六二～一九四九）について論じた『神秘の詩人』（一九〇四）をはじめ、文学批評や政治評論を数本、「エル＝インパルシアル」紙に発表した。

翌一九〇五年にオルテガはドイツに旅立ったのだが、それまでに彼はすでに文筆活動を始めていたわけである。しかも彼は一九〇七年、マールブルクから帰国するまでにも何篇かの短いエッセーを書いた。主としてスペイン文化批判だが、文学についてはとくに悲観的で、一九〇六年夏に彼自ら「乱暴な批評」と認めていた一篇では「私は愛国心からとはいえ、これまでスペインの現代作品を何冊か読んだし、また今後も読むが、正直言うと、スペインらしさを探しながら空しくページをめくり、最後のページまできて、心が重くなり、精神が乾き切ってしまうのが常だ」と書いている。そして、古代ギリシャ、ルネサンス、イタリア、一九世紀のイギリス、現代ドイツ……などそれぞれの時代に、それぞれ認められる、尊敬し得る親しみのようなものを、いまのスペインが必要としていることを力説した。難しく言えば、従来のスペイン的風土には欠けていた、合理的な思考方法である。

高等師範学校教授に

一九〇七年マドリッドに戻ったオルテガは、「エル-インパルシアル」紙にせっせと評論を書く一方、翌年にはそれまで設立を手伝ってきたマドリッド「高等師範学校」(La Escuela Superior del Magisterio)の心理学、論理学、倫理学担当教授に任命された。オルテガにとって最初の教職活動である。この学校はスペインの一般教師を育成するための学校だったが、一九三二年に解散されるまで、とくに第一次世界大戦前のスペイン教育改革の多くの試みの中では、主要な役割を演じた。オルテガは一九〇九年、この学校で最初の授業を行った瞬間、スペインの青年の文化教育、文化的人格形成の必要性を痛感したという。

婚約時代のローサ＝スポットルノ

一〇〇通の手紙

一九一〇年四月七日、オルテガはローサ＝スポットルノ＝トペーテ（Rosa Spottorno Topete）と結婚した。オルテガ二七歳の時だった。二人が知り合い、交際を続けていたのはこれより六年前、オルテガがまだマドリッド大学で博士号取得課程の最中だった。翌一九〇五年からオルテガはドイツに留学するので、二人は暫くの間離ればなれに暮らす。いよいよ結婚に踏み切ったのは、ドイツ留学から帰って三年日のことだ。オルテガについて、プライベートなエピソードは意外に少ない。彼の人柄、趣味などについても、それを知る材料に乏しい。これは一つにはスペインでは一般に、文化活動について、プライベートな記録と公式な記録とが峻別され、英語圏のような自叙伝、伝記本が発達しなかったからといわれる。しかしオルテガの結婚に関しては、まじめ一徹で、それでいてどこか人を食った、彼の人間性の一面を覗かせる話がある。それは結婚前日の四月六日付で、フランシスコ＝ヒネルに送った手紙だ。「明日、木曜日に私は結婚する。だから私がドン＝ファンになる可能性は……今までもなかったが……これで永久になくなった。」

結婚式は、コロン広場にあったローサの両親のプライベート礼拝所で行われた。カトリック教会の結婚式は、双方がカトリック信者であることを原則とするが、もし一方が信者でない場合は、相手の信仰を妨げない、子供に洗礼を受けさせる、などを条件に結婚を認める。オルテガはもちろん一家全員カトリック信者なのだが、オルテガ自身はマラガ時代の経験で反カトリックの立場をとってきた建て前から、この結婚式は、信者と非信者の結婚という形式をわざわざとらせた。ローサの家はマドリッドの資産家で、ローサ自身オルテガの母親ドロレス同様、敬虔な信者だった。

オルテガがこのローサ夫人をどれほど愛し、また愛されていたかは、オルテガの死後発刊された『オルテガ生涯のイメージ』という写真集を見るとよく分かる。許嫁時代から結婚前後、二度目のマールブルク遊学時代、長男ミゲル誕生、外国生活……から晩年にいたるまで、必ずといっていいほどいつも、ローサ夫人は夫ホセにしっかり寄り添っている。謹厳そのものの見かけとは正反対に、オルテガの心の中はいつも、夫人への熱い情愛の念と優しい思いやりで満ち溢れていたようだ。一九〇五年春から一九〇七年夏にかけての僅か二年余りの間に、当時ドイツに独身留学中だったオルテガは、すでに婚約していたローサに宛てて、じつに一〇〇通近い手紙を書いている。二三歳前後の青年オルテガの、赤裸々な恋の告白集である。「いとしの君よ（ネナ-デ-ミ-アルマ）」、「私のローサ（ローサ-ミア）」、「哀れなロジーナ（ロジーナ-ポブレシータ-ミア）」……など、手紙は熱烈な呼びかけで始まる。慣れない異郷の地での郷愁、とくに許嫁への想いひとしおのものがあったに違いない。

マドリッド大学教授に

ローサとの結婚が実現した一九一〇年は、オルテガの人生にとって最も幸福な年だった。結婚に加えてもう一つの幸運が訪れたのである。オルテガはこの年の一一月、マドリッド中央大学の形而上学教授のポストを獲得する。二七歳の若さで教授になれたのは、もちろん本人の実力によるのだが、一つには運が良かった。当時すぐれた教育家であり政治活動でも著名だったニコラス＝サルメロン教授が死去して、そのポストが空席のままだったためだ。しかも実際の授業は一九一二年の初めまでなかった。オルテガはそれまでの間に二度目のドイツ留学を果たしたいと希望し、認められた。しかもスペイン公共教育省からの公式派遣という好条件でだった。

新婚一年にも満たない二人は、一九一一年一月早々マールブルクに行き、同年一〇月まで滞在する。そしてその間の五月に長男ミゲル＝ヘルマン（Miguel Germán）が生まれた。父親オルテガにとって第二の故郷であるドイツ（ゲルマン＝ヘルマン）で生まれたため、こう名づけたという。

カント主義を乗り越えて

このように幸せな環境だったせいか、二度目の留学は前回にくらべて、精神的にも物質的にもはるかに充実したようだ。ここでオルテガは再びカント研究に没頭するのだが、この頃から彼は「カント主義を乗り越えた」オルテガ独自の思想形成期に入るのである。すなわち、理想よりも観念を重視する「理性哲学」の立場から、「生」と「観念」を分離することは出来ないと主張、今日のスペインに必要なものは人々を「生」に引き戻す現実の生きた思想であり、抽象的観念は不要、とする立場に変わる。といっても理性主義を完全に放棄したわけではない。理性も生も、それだけでは一面的であり、この両者を統合させたものこそ、新しい時代の要求だと考える、オルテガ固有の「生の理性」(razón vital)哲学の萌芽が見えはじめるのである。

そうはいっても、少・青年期から「クラウゼ主義」や「九八年の世代」思想の影響を強く受け、ドイツにヨーロッパ合理主義の神髄を学ぼうとしてやってきたオルテガにとって、カントは常にその座右にあった。のちに『カント論』(一九二九)の中で「カント哲学は私の家であると同時に、牢獄でもあった」と述懐しているが、当時の彼があくまでもカント主義者であったことは否定出来ない。オルテガ研究学者たちの多くは、オルテガの思想発展の第一段階として、一九〇二年から一九一三年までを、カント哲学にもとづく「客観主義」時代と類別する。

一九一一年末オルテガはドイツからマドリッドに戻り、哲学者および社会批評家、政治評論家としての仕事を、新聞・雑誌への寄稿、あるいは講演活動を通じて本格的に開始するわけだが、不思議なことにこの時以来、大きな影響を受けたドイツには、一九三四年の短期訪問を別として、一九四九年まで一度も訪れていない。ナチズムの誕生その他いろいろな理由が考えられるが、四九年以降にはローサ夫人同伴でなんども赴いたことを考えると、オルテガは、やはり基本的にドイツ好きだったことに間違いないようだ。

スペインの周縁性と後進性

オルテガがスペインに戻り、マドリッド大学で教鞭をとり始めた当時のスペイン政府は、ホセ=カナレハス首相(自由党)の政権下にあり、同首相の教育改革ムードが盛り上がっている時期だった。オルテガが大学の職位についたことは、スペイン国民文化の自由化と近代化にとって、まさしく新時代の到来を意味するものだったのである。

前にも述べたように、オルテガは最初の公職であるマドリッド高等師範学校教授として教壇に立ったとき、スペインの文化教育強化の必要性を痛感した。マールブルクから戻り、マドリッド大学の教壇に立ったときには、これがさらに大きな使命感にまでなっていたようだ。アレクサンドル＝デュマ（一八〇二～七〇）が残したといわれる「アフリカはピレネーに始まる」（ピレネー山脈以南のスペインはアフリカ）という言葉は、一九世紀にヨーロッパ各地に波及し、まさに「スペインはバーバリズムとロマンスの地」とのイメージを払拭できない時代となっていた。ドイツに学んだオルテガには、こうした表現が必ずしも間違ってはいないと、思えた。マールブルクのような小さいドイツの町に比べてさえも、彼の故国スペインがいかに田舎《いなか》に見えるか、と悩むのである。フランス、ドイツ、オーストリア、イタリアなどいわゆるヨーロッパ「中心部」に対して、北のスカンディナヴィア、西南のイベリア半島、東方スラヴ世界、そして海峡を隔てたイギリスは「周縁部」（ペリフェリア）といえる。オルテガは、こうしたスペインの周縁性が文化のユニークさ、言い換えれば文化的後進性を生みだすものととらえ、オルテガ独自のヨーロッパ論、スペイン文化論を展開するのだが、この点については後章で詳しく触れたい。

ナトルプ理論の実践

マドリッド大学で教鞭をとった一九一二年初め、オルテガは早速「教育に基づく社会改革」理論を発展させる。この構想はドイツ留学以前からすでにあったもので、彼は父ムニーリャやその友人たち、クラウゼ主義者たち、さらにフランシスコ＝ヒネルの自由教育学院とも接触して、理論の具体化を計ろうとする。またこの理論は、マールブルク大学時代のナトルプ教授の理論によって補強されたもので、これを実践に移そうとする。すなわちナトルプ教授の「コミュニティ-ライフの変化は教育によって実現しうる」という命題に多大な影響を受けたのだ。オルテガは結婚直前の一九一〇年三月、ビルバオで行った講演でこの理論を明確にし、「政治計画としての社会教育」を提案する。そしてこの構想の具体的計画を練り一九一三年一〇月、オルテガ初期の大仕事である「政治教育連盟」（Liga de educación politica）を創設する。政治改革は教育とともに進めなければならない、という信念の結晶である。

政治教育連盟の創設と出版活動

政治改革を実践するためには、まず国民教育の強化、徹底を計らねばならない……いわばドイツ留学の具体的成果としてオルテガは、

講演「古くて新しい政治」

スペイン「政治教育連盟」を設立した。

その翌一九一四年三月二三日、オルテガはマドリッドの劇場テアトロ‐デ‐ラ‐コメディアで、「連盟」発足を記念する公式集会を開き、ここで後々まで有名になる講演「古くて新しい政治」(Vieja y nueva política) を行った。この講演の骨子は、スペインを構成する「公的」部分と「生的」部分とを、分離すべきだ、とするものである。「われわれの社会、すなわち議会から新聞界、いなかの学校から大学にいたるあらゆる社会組織体を、われわれは〝公的スペイン〟という一つの名称の下に置いているが、これらは今や、立ちながらすでに息の途絶えた象のような、蒸発し消滅しかかっている組織体の巨大な骸骨だと私は言いたい。……」この演説は、スペインの古い体質、古い制度を痛烈に批判すると同時に、新しいスペインは、現代の世代の人々の自己発見によって、生まれ変わるべきだと訴えたことで、若い知識人たちを魅了させた。そしてそれがまた、この「連盟」の中心メンバーになった知識人たちの指導理念でもあった。その中心メンバーには、オルテガをはじめ

「九八年の世代」のアントニオ＝マチャード、ラミロ＝デ＝マエストゥらの他に、のちの第二共和制政府の首相となるマヌエル＝アサーニャなどが名を連ねていた。

受け取り方次第では、このオルテガ演説は、伝統的スペイン王政の打破、市民革命のアジ演説のように聞こえないこともないのだが、本来「連盟」は政治的中立を旨とし、特定の政党の支持とか創設などを意図するものではなかった。オルテガの意図は、古いリベラルな共和主義者たちと自分たちの世代との間に明確な一線を画し、「消滅しかかった組織の巨大な骸骨」と化したスペインを、生まれ変わらせようとする点にあった。このため、例えばホアキン＝コスタが、スペイン凋落の責任は支配階級の罪だと批判したのに対して、オルテガは「統治するものもされるものも、すべてを含んだスペイン全体が死の苦しみにある。死の病の床にあるのは、スペインという国家だけではなく、スペイン人という種族そのものなのだ」と述べ、スペインの「民族的生命力」こそが古い政治、古い体質を蘇らせる「生命の水」となるのだと説いた。

社会党への接近

オルテガの政治思想については、後章で詳しく触れたいが、少なくともこの当時の立場は「スペイン社会党」（PSOP、パブロ＝イグレシアス党首）に近いものがあった。恩師ウナムノが一九〇八年、ビルバオの社会主義者クラブで行った講演で「一般市民の無知と聖職者たちの狡智に対抗して、文化を擁護するために立ち上がる社会主義こそ、スペインの道徳的復興に必要なもの」と強調した点に大いに共鳴していたのだ。したがってオルテガの頭の中には最初から、階級闘争とか暴力革命といったマルクス主義的要素は全くなかった。このころ彼が、「エル-インパルシアル」紙その他に発表した政治評論はほとんどこの線で貫かれている。オルテガにとって、平等主義とか労働者階級の解放といったいわゆる社会主義イデオロギーは、無関係であった。一時は尊敬したイグレシアスを通じて、当初関心を持ったPSOPの社会主義についても、民族共同体理念に代わる階級社会の団結によってスペインの近代化を計ろうとしたことで、すっかり熱が冷めてしまった。ちなみにカール＝マルクスは『共産党宣言』（一八四八）の中で「社会主義的ブルジョアたちは近代社会状況の中で、必然的に起こる闘争や危険なくして、あらゆる利益を得ようと望んでいる。彼らは現在の社会状況の中から革命的、分裂的要素をなくそうと欲している。彼らはプロレタリアートなきブルジョアを望んでいる……」と書いているが、これぞまさしくオルテガ社会主義の墓碑銘にぴったりではあるまいか、とイギリスのオルテガ研究家A＝ドブソン教授は述べている。

それならオルテガは資本主義者かというと、さにあらずである。社会主義と資本主義という対立した政治思想に関して、彼は文字通りアンビバレント（愛憎並立）な立場にあった。社会の分化は社会階級によるものではなく、人間の種類によるもの。つまり人間の「質」によるものなのだとするオルテガ独特の思想が、やがて『無脊椎のスペイン』（一九二一）や『大衆の反逆』（一九三〇）に結実するのである。

いずれにせよオルテガが「政治教育連盟」の活動で、実際にまず最重点を置いたのは、国語教育だった。先に述べたように、スペインの識字率は低く、一九一〇年の時点でも約六〇％の国民は読み書きが出来なかった。さらに彼は、スペインが「科学」に弱い点にも着目し、自然科学、精神科学の教育強化の必要性を訴えた。しかしながら、スペインの現状を改革することは至難のわざで、「古くて新しい政治」演説の名調子にもかかわらず、多数の人心を掌握するには至らなかったのである。

アルフォンソ一二世につき添ってイギリスから渡来し、スペインの王政復古（一八七五～一九一七）を実現させた家庭教師カノバス＝デル＝カスティーリョは、いまや中央政界の大立者として、巧妙な政略を駆使し、スペイン各政党は、権力の分かち合いや選挙権の買収など政治ゲームに明け暮れていた。彼らに対決を挑んだオルテガの声には、耳も貸さなかったのが実情だったようだ。一方教育ある一般国民たちにしても、文化というものは、時間をかければいずれ社会の各層に広がるもの、といった程度の認識しかなかった。要するにスペインは、これまでそうした経験がなかったのである。オルテガが期待したスペイン文化生活へのインパクトは、極めて小さかった。「私はいま大衆に呼びかけているのではない。この不正な社会の中の新たな特権階級である医師、エンジニア、教師、ビジネスマン、産業家たちに呼びかけているのだ。私は彼らの助力が欲しいのだ……」と訴えているように、彼のねらいはもともと中産階級エリートによる国民教育だったのだ。

第一次世界大戦の勃発

この講演から四か月後、第一次世界大戦が勃発した。ヨーロッパ諸国は戦乱の渦に巻き込まれたが、スペインは中立を守った。オルテガは「私はこの戦争についてほとんど何も書かなかった。何故なら武器の戦いの中に言葉をさしはさむ余地がないと思ったからだ」と当時の心境を説明しているが、ドイツやベルギーの新聞には何篇か寄稿している。それもドイツに好意的な立場と反対の立場の双方からだった。彼はドイツについては、文化面と政治面の二つに分けて考えていたのである。政治的な論評としては「私はドイツの〝国家的民主主義〟よりも、イギリスの〝個人主義的民主主義〟の方が好きだ。私は連合側の勝利を熱望する人々に同調する」とはっきり書いていた。はっきり言ってオルテガはドイツが好きだった。心の故郷でもある。ゲルマン文化への憧憬、親近感は二回にわたるドイツ留学で一層強まった。しかし軍国主義化したドイツは容認出来ない。軍国ドイツはゲルマン精神の退廃であり、堕落だとしか考えられない。リベラルを自認するオルテガにとってはまことに苦しい二者択一だったかもしれない。

一方時がたつにつれ、スペインが中立を守り戦争に参加しなかったことが、果たしてスペインという国にとって良かったのかどうか、疑問を感じ始める。一九一五年一月オルテガは、大戦にイタリアが参加したことを評価し、スペインも世界舞台を支配するようなこうした出来事から離れるミスを犯してはならない、とまで書いている。スペインが、政治的にも文化的にも成熟した他のヨーロッパ諸国の足並みから逸脱するのを、最も恐れたからに違いない。

ガセット家の新聞

第一次世界大戦が始まった一九一四年を契機に、オルテガは次第に重点を政治活動から出版活動に移しはじめた。一九一五年一月、その最初の事業として、雑誌「エスパーニャ（スペイン）」を創刊し、自ら論説部門を担当した。この雑誌はスペイン「政治教育連盟」の公式機関誌であった。このころ他の雑誌、例えば「ファロ（灯台）」や「エウローパ（ヨーロッパ）」などは、当時のスペイン知識人たちの間に流行っていたスペイン文化の罵倒、中傷といった風潮を代表していた。オルテガはこれに対抗して、そのような否定的な批判ではなく、スペイン文化をどのように再生し復活させるかを論ずるべきだと主張、「エスパーニャ」はその論旨を展開させるためのメディアであった。アソリンやアントニオ＝マチャードら「九八年の世代」グループが、これを積極的に応援し協力したことは言うまでもない。しかしこの計画は失敗した。同誌はオルテガの意図とは裏腹に次第に左傾化し、彼自身一九一五年一杯で辞めざるをえなくなったのである。「エスパーニャ」は、のちに共和政府首相になるマヌエル＝アサーニャに引き継がれたが、結局一九二四年にはミゲル＝プリモ＝デ＝リベラの独裁政権下で廃刊となってしまう。

「エスパーニャ」誌を辞めても、オルテガの言論・出版活動は一向に衰えなかった。彼は母方の親戚であるガセット家が運営していた「エル－インパルシアル」紙に、マドリッド大学時代から十数年間、哲学、文学から政治批評にいたる論文やエッセーを文字通り大量に書きまくってきた。ところが一九一六年になって異変が起こった。「エル－インパルシアル」紙の経営をめぐるトラブルが生じたのである。オルテガには母方の祖父にあたるエドゥアルド＝ガセットが築き上げたこの大新聞の権威が、この頃を境にゆらぎはじめた。理由は、当時スペイン国内で盛んになってきた労働運動が、各地にストライキなど社会不安を呼び起こし、同紙が長年にわたって維持してきた公正な識見や、香り高い文化性に読者がなじまなくなったこと、その結果当然のことながら販売部数が伸び悩み、深刻な財政危機に見舞われていたためである。

この頃この新聞に目をつけた男がいた。有力な製紙業者のニコラス＝デ＝ウルゴイティである。彼は、ブルジョアたちの思考の道具として役立ち、しかも儲かる新聞を探していた。まず「ＡＢＣ」（王党系、今日も健在）紙の買収を試みたが失敗、次の狙いを「エル－インパルシアル」につけた。この当時経営を実質的に任されていたリカルド＝ガセット（エドゥアルドの孫）は、ウルゴイティに財政支援を仰ぐ交渉の結果、ウルゴイティに経営を任せる契約を結ぶことになった。ところがウルゴイティが早速、組織の改革を計ろうとしたところ、リカルドはこれに応ぜず、業務の一切を手渡そうとしなかった。ウルゴイティはもちろんのこと、これに同調していたオルテガは、次第に古いオーナーたちの考えについていけず、ミゾが深まっていった。そしてついに一九一七年六月、破局が訪れた。

リカルドの父でありオーナーにあたるラファエル＝ガセットは、まだ契約が発効していなかったのを理由に、ウルゴイティを解任した。オルテガを含め「エル－インパルシアル」紙の数多くのジャーナリストたちは、ウルゴイティに味方して辞めた。この時点で同紙の生命は絶たれた。

一方ウルゴイティは新たに彼自身の新聞「エル－ソル（太陽）」を創刊した。印刷機をはじめ最新式の機器を設備する一方、クオリティ-ペーパー（高級紙）を目指して熟練した記者たちを雇った。この新聞には「闘牛のルポ記事」や「富くじの当り番号」など、大衆うけする記事は掲載されなかった。むしろ社会科学、教育、医学などに関する別冊を連日発行した。値段は普通の新聞の二倍もした。値段は高くともオルテガ自身述べているように、この新聞はまさしく、近代ブルジョアジー（中産市民階級）のための近代的新聞で、この紙面を通してオルテガは絶え間なく、ほぼ独占的に、スペインの「近代社会化」を訴えたのだった。

評論集『エル-エスペクタドール』

オルテガは、「エスパーニャ」紙を辞めた翌年、さらに「エル-インパルシアル」紙を去って「エル-ソル」紙の創刊を手伝うことになる前年の一九一六年、評論集『エル-エスペクタドール（観察者）』（El Espectador）第一巻を発行した。これはオルテガ自身が出資し、三〇〇〇部出版したもので、同好の士たちによる個人論文集だが、一九三四年、第八巻を出版するまで実に一八年間続いた。『観察者』という名が示すように、この出版物は政治を背後から見るのが主目的で、純粋なヴィジョンや理論を自由に交換したいとの願いから生まれたものだった。政治の第一線から一歩身を引こうとする理由は、オルテガ自身の説明によると、政治は真実を扱うものではない、政治は思想を真実で判断するのではなく、利用価値によって判断する「第二義的な精神活動」だからだという。延べ一八年間、計八巻におよんだ『観察者』は、オルテガ哲学の発展過程をたどる上に、貴重な資料ともなっている。オルテガ研究家のフリアン＝マリアス教授は「エル‐エスペクタドールという事業は、彼の哲学思想の純粋かつ効果的鍛練の場であった」と述べている。

このように第一次世界大戦を契機に、オルテガの教育、政治、出版活動は顕著となるのだが、何といってもこの一九一四年最大の出来事は、オルテガ自身の最初の著書であり、その思想を初めて世に問うた不朽の名著『ドン＝キホーテに関する省察』(Meditaciones del Quijote) が出版されたことであろう。

『ドン＝キホーテに関する省察』の刊行

『ドン＝キホーテに関する省察』は、一九一四年七月二一日マドリッドのスペイン古典出版社（ＩＣＳ）で印刷が完了した。そしてこれが小売書店に出回り始めて数日後、第一次世界大戦が始まった。この本の初版はただ『省察』というだけの標題で、オルテガは全部で一〇巻のシリーズにするつもりだった。つまり『ドン＝キホーテに関する省察』はその第一巻に過ぎず、その内容も「読者へ」ではじまる前書き、「予備的省察」、「第一の省察」で終わっている。しかしこれ以後に書かれたものにはこの標題が使われず、この『ドン＝キホーテに関する省察』だけが独立して出版される結果となった。その意味では彼の処女作は未完成に終わったとも言える。しかしこの作品こそ多くの学者が指摘するように、彼の全生涯を貫く哲学思想の導入部であり、また真の意味での序論である。内容について一言でいえば、スペイン文学の最高峰セルバンテスの名作『ドン＝キホーテ』を通して、スペインとは何か、新しいスペインはどうあるべきか、への解答を模索したエッセーで、散文調の美しい文体で書かれている。そして前にも触れたように、この作品の中でオルテガは、初めて彼独自の哲学の根源的命題、「私は私と私の環境」(yo soy yo y mi circumstancia) と、その方法論とも言うべき「遠近法」(escorzo) 思考を明らかにするのである。自我は、その対象である事物、つまり「環境」と切り離して考える限り認識しえない。しかも自我と事物は人間が生きている根本的現実、すなわち「生」に根ざした二次的なものに過ぎない……。極めて難解ではあるが、オルテガのこの「私は私と私の環境」理論は、後年の政治、社会、文化各分野にわたる様々な著作、評論活動の源泉となっているのである。マリアス教授はこの書の英訳本に「アメリカ人読者へのプロローグ」(一九六〇) という短文を寄せているが、この中で「この書には、一九二〇年代、三〇年代、四〇年代におけるヨーロッパ思想界の大半が期待し、またこれまでどこにも見られなかった新しい哲学理論が、見事にえがかれている」と述べている。

セルバンテス

ボルシェヴィキの三年間

第一次世界大戦が終わった一九一八年から二一年へかけての三年間のことを、スペイン南部のアンダルシア地方では「ボルシェヴィキの三年間」と呼んでいる。スペインは第一次大戦には参加せず中立を守ったものの、戦争はこの国にも深い影響を及ぼした。戦争景気から戦後不況へというお決まりの経済危機パターンに加えて、ロシア革命の余波はスペインにも押し寄せ、政治危機と社会不安が一挙に表面化した。物価の高騰や失業者の増大などで各地の労働者や農民に与えた影響はとくに大きかった。スペイン全国労働連合（CNT）は労働者たちにストを呼びかけた。最初に立ち上がったのはアンダルシア地方の農民たちで、彼らは農地の分配を求めてストを決行、農園の壁に「レーニン万歳」と書いた。この革命運動にも似た労働攻勢は、バレンシア、サンチアゴ、バルセロナ、ビルバオ……など全国の都市労働者に連鎖反応的に拡大した。一九一九年、カタルーニャ地方バルセロナ近郊のサバデルで開かれたCNT大会には三〇万人の組合員が集まった。

もともとスペインは工業人口の比率が低く、イギリスやドイツに比べて労働運動を組織化する基盤は弱かった。それだけに国際労働運動にとっては一つの重要なターゲットになっていたようだ。一八六八年にバクーニン（一八一四～七六、ロシアの革命家、無政府主義者）はスペインに第一インターナショナル（国際労働者同盟）の支部を作らせると同時に、ひそかに「バクーニン主義者同盟」のグループをも結成した。スペインを国際労働運動の中でどのように位置づけるかをめぐって、のちにマルクスやエンゲルスと有名な論争を起こすのだが、結果的にはバクーニンのアナーキズムが大きな影響力を残した。こうした勢力が激化する労働運動の下地になっていたとも言えよう。

一方こうした社会不安をさらに煽ったのは、労働運動激化に対抗して軍隊や官庁の一部が「評議会＝フンタ（Junta）」を結成したことだった。これは、公けの秩序回復の名の下にストの弾圧を実施すると同時に、王政復古いらいの政府不信、腐敗の一掃を目指した政治運動であった。そしてこの「評議会」は郵便局員から治安警察官たちの間にまで広まり、組織化されていった。この間政府はたびたび政権崩壊の危機に見舞われたが、ついに一九二三年九月、当時のバルセロナ守備隊長ミゲル＝プリモ＝デ＝リベラ将軍がクーデタを起こし、国王アルフォンソ一三世から「フンタ」の議長に任命されて、実質的に政権を掌握した。同将軍はこの後一九三〇年まで、軍部独裁政治をほしいままにするのである。

ヨーロッパ知性の導入と政治活動

プリモの軍事蜂起と「アテネオ」閉鎖

プリモ＝デ＝リベラ（一八七〇～一九三〇）は生粋の職業軍人で、青年将校時代から海外植民地勤務が多く、一八九〇年代の大半は、モロッコ、キューバ、フィリピンで過ごした。当時からその指導力や見識が評価されていたが、国内勤務になってから次第に名声が高まっていた。第一次大戦終了後、スペイン国内に経済危機、社会不安が高じ始めた頃、カスティーリャ（州都マドリッド）中央政府に最も反抗的だったカタルーニャ地方の軍管区総指令官に任命され、州都バルセロナ守備隊長としての実権を握っていた。同地に高まる労働攻勢の中で一九二三年九月一三日、彼は「軍事蜂起」（プロヌンシアメント）つまりクーデタを起こし、自らを「軍事総裁政府」（軍事評議会＝フンタ）の首班だと宣言した。国王アルフォンソ一三世は直ちにこれを承認、ここにスペインは王政復古いらい約五〇年続いた議会制政治が終わりを告げた。

「軍事総裁政府」は二年後に「文民政府」となり、まず議会（コルテス）を解散して新メンバーを指名、続いて新憲法の制定、「評議会」の解散、旧裁判制度の廃止など次々と新施策を打ち出す。ここで一つ注目したいのは、マドリッドにあった「アテネオ」が閉鎖されたことである。

「アテネオ」（Ateneo）は、一九世紀初めいらい文芸家協会や学術協会などスペインのリベラルな知識人たちによって管理・運営されてきた「文化センター」のことであり、オルテガにとっても、その生涯にわたる文化活動の重要な拠点の一つであった。彼はここでしばしば講演をしたり、作家・詩人・芸術家仲間たちと自由な意見交換をする場としていた。オルテガは後年、一〇年近くに及ぶ亡命生活を余儀なくされた後の一九四六年五月、マドリッドに戻り、久しぶりにスペイン人公衆の前に姿を見せるが、この時の講演会場がこの「アテネオ」だった。プリモ゠デ゠リベラは政権掌握後に打ち出した一連の政策の中で、新聞検閲制度などによって反政府的な知識人たちの活動を封じ込めようとするが、この「アテネオ」閉鎖もその一つだった。

「短く鋭いショック」

知識人たちは当然この動きに反発した。ウナムノは激しい独裁制批判を行ったため、国外に追放された。ところが不思議なことにオルテガはプリモ独裁政権に対して、初めのうちは支持し、少なくとも反抗的な姿勢を示さなかった。むしろプリモ゠デ゠リベラの「古い政治」攻撃に同意し、この独裁政権はスペインの昔ながらの旧式政治体質に「短くて鋭いショック」を与える上に効果がある、との信念を公けにしたのである。独裁というやり方はスペイン人一般にとって「教訓的な経験」をもたらす、とすら述べた。これらはオルテガ一流の皮肉と逆説に満ちたものだったのかもしれないが、表向きは反動体制を支持する言辞であり、当然知識人たちの反発をかった。

しかし一九二九年三月、そのオルテガも、プリモ＝デ＝リベラと決定的に袂を分かつ時がきた。プリモは学生騒動の激化に対応して、大学を閉鎖しようとしたのである。オルテガは即座にマドリッド大学教授のポストを辞任した。そして市内のある映画館で哲学の講義を続けた。この時点でオルテガは、プリモ独裁政権に反対の立場を明白なものにしたのである。

第二共和制の成立

プリモ＝デ＝リベラは翌一九三〇年一月辞職した。国内各地に起こり始めた反独裁政府運動や、新たな別の「軍事蜂起」（ベレンゲール将軍など）が画策されていたからである。このあとベレンゲールが王党派を巻き込んで半ば独裁的な政権を一時期続けるが、国内共和勢力が次第に力を増し、翌三一年四月に行われた全国市町村選挙で左翼陣営が大幅に進出、スペインは共和制に移行した。この第二共和国初代大統領にはアルカラ＝サモーラ（共和穏健派）が就任した。アルフォンソ一三世は国王としての地位を追われた。新共和国スペインは、当時のヨーロッパで最も民主的と考えられていたドイツのワイマール憲法をモデルとした新憲法を公布、婦人参政権も確立して、議会制民主主義への第一歩を記す。

しかしそれでも政権基盤は安泰ではなかった。旧王党派をふくむ右派からの突き上げと急進左派の巻き返しで動揺する政治問題、アナーキズムの洗礼を受けた労働争議の続発と社会不安、カタルーニャやバスク地方を中心とする自治独立運動が生んだ地域分立主義……など難問が山積しており、オルテガの友人マヌエル＝アサーニャの首相としての献身的な努力にも拘らず、混乱が続いた。

スペイン史の専門家として名高いP＝ヴィラールは「独裁政権は統治をしたが、変革をしなかった。共和国は変革を望んだが、統治することに難渋した」と書いている。

プリモ＝デ＝リベラは辞任後体調を崩し、パリで死んだ。しかし彼の息子のホセ＝アントニオ＝プリモ＝デ＝リベラ（José Antonio）は数年後、父親の失政を教訓として、本格的なファシスト「ファランヘ」（Falange）党を創設（一九三三年一〇月）し、やがてスペインを内戦へ追い込みフランコ体制の成立に導くのである。

『無脊椎のスペイン』を発表

さてこのように左翼、右翼への分極化が高まり、急変しつつあった政治・社会情勢を背景に、オルテガは一九二一年『無脊椎のスペイン』（España invertebrada）を「エル＝ソル」紙上に発表した。彼はこの著作の冒頭に「この試論のテーマは歴史的であって、政治的なものではない」とわざわざ断わってはいるが、本来の動機はスペイン国内各地、とくにカタルーニャ地方とバスク地方で激化していた自治権要求、分離独立運動を強く念頭に置いていたと考えられる。といってもオルテガは、このような地方の分離主義、分立主義そのものに対して「政治的に」反対していた訳でも、賛成していた訳でもない。彼の思考のメスは「何故このような分離・分立主義がスペインに存在するのか」という問題を鋭くえぐる。そして歴史的にフィードバックしながら、スペイン人一般の心が他のヨーロッパ諸国民と違って「模範性に対する従順」さを欠いている。言い換えると、社会の「少数のすぐれた者」に対して「多数の劣った者たち」が自発的に従おうとしないところにすべての原因がある、というのだ。

オルテガはまず「ここ二〇年間の（二〇世紀になって以降の）スペインの政治情勢の中で最も特徴ある現象の一つは、地方主義、独立主義、分離主義、つまり人種的、領土的な分離運動の出現だ」と指摘する。そして多くの人々は、こうした分離・独立主義がとくに深い理由や根拠もなく、近年始まった作為的な運動だと考えがちだ。つまりこの運動が始まる前は、カタルーニャもバスクも、カスティーリャやアンダルシアと別な社会集団ではなかった、スペイン全体は統合されていた、と考えがちだ。しかし、そうではないのだとオルテガは反論した。

カスティーリャのイサベル王女とアラゴン（スペイン北東部）のフェルナンド王子が結婚し（一四六九）、二人が「イスパニア王国」を共同統治（一四七四～一五一六）していらい、スペインは統一国家を目指して巨大な足跡を残す。そしてスペイン統合はフェリペ二世の代で完成する。彼の治世（一五五六～九八）の二〇年目をイベリア半島の運命の分水嶺と考えることが出来る。その頂点まではスペインの歴史は上昇的であり、集積的であった。そしてそれ以降スペインの歴史は下降的、分離的となった。分裂は周辺部から中心部へという順序で進行した。まずフランドル地方（現フランス北西端部からベルギー西部にかけての地方）、次いでミラノ、ナポリが離れた。一九世紀初頭には海外の大きな諸州が離れ、一九世紀末にはアメリカと極東の小さな植民地が離れていった。一九〇〇年にはスペインの領土は元の半島だけになってしまった。これで分裂作用は終わったのだろうか？「偶然だろうが海外領土の離脱は、半島内部の分裂現象の始まりを告げるようなものだった。

一九〇〇年には地方主義、独立主義、分離主義のざわめきが聞かれ始めた」とオルテガは述べる。「統合の過程は結集の作業から成っていた。離れ離れだった社会集団が一つの全体の部分として統一されたのだ。分裂はこれとは逆の現象である。全体の部分だったものが、それぞれ一つの全体として別々に存在し始めるのである。私はこのような歴史的生の現象を分立主義と呼んでいる……カタルーニャ主義やビスカヤ（バスク地方の州）主義といった運動は、三世紀前に始まった分裂現象の継続である。……」

オルテガは、このように分析しながら、カタルーニャなどの分立主義が「スペインという身体に突如現れた偶発的で予想外の腫れ物の一種としか見ようとしない」俗説を厳しく批判し、「スペインという生のすべてを解体へと押し進めている、潜在的な大きな動き」なのだと警告する。そしてこの「潜在的な大きな動き」こそ、オルテガがこの著作の中で最も力点を置き、言いたかった「反逆的な大衆」の存在であり、九年後に発表する『大衆の反逆』への試論だったのである。

「二〇世紀思想ライブラリー」の企画

一九二二年、オルテガは「二〇世紀思想ライブラリー」（Biblioteca de ideas del siglo veinte）の図書企画をたて、直ちに実行した。これは当時の最も新しいヨーロッパ思想を、多くのスペイン人に広めようとの意図から、スペイン語訳書を完備したものだった。オルテガの頭の中には、やはり当時のヨーロッパの知的、文化的中心はドイツだとの考えが強かったためだろうか、その図書リストにはドイツ系の著作が目立った。『西洋の没落』

の著者オスワルド＝シュペングラー（一八八〇～一九三六、哲学者）をはじめ、マックス＝ボルン（一八八二～一九七〇、物理学者、ナチに追われのちに英エディンバラ大学教授、五四年ノーベル物理学賞受賞）、フォン＝エクスクル（生物学者）といった人々である。

『西洋の没落』上下二巻は、第一次世界大戦後の一九一八年から二二年にかけて出版された。著者シュペングラーはオルテガと同時代人であり、二人ともヨーロッパのキリスト教文化の終末を説き、世界の諸文化を生命的な生成、発展、没落の歴史としてとらえる点で共通していた。思想的にもともに「生の哲学」派に属していた。そしてその文化の衰退の原因をローマ帝国衰亡になぞらえて「大衆」の社会的台頭に見出す点でも、似通った立場をとっていた。高級文化が大衆のバーバリズム（野蛮性）に包囲されて滅亡する、という思考パターンは、政治・社会的には当然反民主主義的な傾向に現れる。A＝C＝H＝トクヴィル（一八〇五～五九、フランス歴史家）、フリードリヒ＝W＝ニーチェ（一八四四～一九〇〇）、アーノルド＝J＝トインビー（一八八九～一九七五）たちと同一の軌道を歩むわけである。オルテガはこのような背景から、一刻も早くシュペングラーをひろくスペイン人一般に紹介したいとの異常なほど大きな熱意に駆られて、このライブラリーを発足させたのだった。

「西欧評論」の創刊

そして翌一九二三年七月、オルテガはかねてからの念願だった月刊誌「西欧評論」（レビスタ-デ-オクシデンテ）を創刊した。オルテガ四〇歳の時であり、プリモ＝デ＝リベラの独裁開始の年である。この雑誌はヨーロッパの科学、哲学、歴史その他の分野の主要作品を長期にわたって翻訳掲載したが、中南米を含むスペイン語文化圏はもとより、ヨーロッパ各地においても思想的影響力が強く、傑出した知識人雑誌となった。同紙は一九三六年、スペイン内戦で一旦休刊に追い込まれるが一九八〇年に復刊し、今日なお発行され続けているスペインでは最長記録を持つ高級誌である。そしてオルテガは、この「西欧評論」創刊号の序文に、次のように書いた。

「スペインとスペイン系アメリカの中には、思想や芸術についてまじめに思考することに喜びを感じる人々が大勢いる。彼らは世界で起こった出来事についても、新聞が提供するような無気力な事実報道や皮相的な解説記事ではなく、明確かつ思慮深いニュースを知りたがっている。……これこそ機敏な神経を持つ人々が、それぞれの身を取り巻く広範な生の萌芽を感じとり、その時代の深遠な現実に直面して生きようとのぞむ上に最も重要な、好奇心というものである。……」

この創刊号には、オルテガ自身やゲオルク＝ジンメルの評論をはじめ、スペイン作家ピオ＝バローハの小説などが掲載された。発行部数は三〇〇〇部。限られた部数とはいえこの雑誌はオルテガにとって、スペインのような「ヨーロッパ周縁国家」、「後進的国家」の中においてすら埋没されている知性を、掘り起こし開花させる先駆者としての役割を果たす上に、何よりも大きな意味があった。この雑誌を通じて、後年「一九一四年の世代」と命名されたオルテガを含む若い知識人グループ、中でもラファエル＝アルベルティ、F＝ガルシア＝ロルカ、ペレス＝デ＝アヤラら「三大詩人」の活躍

「西欧評論」社事務室
オルテガ財団内。筆者撮影

が、世間の注目を集めた。さらに同誌を通じて、ヨーロッパの知性を代表する思想家として、ブレンターノ、フィヒテ、ヘーゲル、フッサール、キルケゴール、ラッセル、シェーラー、ユング、フロイト等々、そうそうたる哲学者、心理学者たちの論文や著作の数々が紹介された。スペイン国内の文化事業としてはまさに画期的なものだったのである。

オルテガ財団

「西欧評論」社の事務所は、今日なおマドリッド市のフォルトゥニー通五三番地の「オルテガ財団」(Fundación José Ortega y Gasset) 敷地内にある。門を一歩入った右側の一角を占めるこの小さな事務所を拠点として、月刊誌「西欧評論」のほかに『オルテガ全集』(Obras completas) 一二巻をはじめ、フリアン＝マリアスの『オルテガについて』(Acerca de Ortega) その他数多くのオルテガ関連の重要文献が発行されている。

ちなみにこの「オルテガ財団」所在地の一帯は、東京でいえば本郷、上野界隈あるいは山の手とでも言おうか、文化的な香りを匂わす樹木の多い閑静な地域だ。市内の最繁華街グラン-ビア大通やプエルタ-ソル広場界隈の、小道が入りくねったごみごみした場所に比べて、通りが碁盤の目のように整然としている。オルテガの生家、結婚後の住居、また晩年を過ごした家などは、すべてここから遠くない。「オルテガの一生は、彼が暮らしていた場所で分かるように、庶民とは違った上流階級の雰囲気の中にあった」とあるマドリッド市民は言う。近くには彼を記念して命名したホセ＝オルテガ＝イ＝ガセット通もある。

「オルテガ財団」は一九七八年末に、オルテガを記念しその精神と文化活動を継承するために設立された、大学研究センター施設であり、純粋な民営財団法人として運営されている。オルテガの愛嬢ソレダード＝オルテガ＝スポットルノ（Soledad Ortega Spottorno）女史が会長職をつとめている。この建物の中には、西欧評論社をはじめ、図書館、オルテガ資料館、オルテガ大学研究所などがある。一九八三年五月九日、この場所でオルテガ生誕一〇〇年記念式典がスペイン政府主催の下に行われ、フアン＝カルロス一世が公式に訪れた。現在この財団は、マドリッド市内に支部事務所を持っているほか、マドリッドから南西七〇キロにある古都トレド市に教育施設を持っている。ここには海外から多数の留学生が来て学んでおり、日本人学生も数名在籍したことがあるという。さらにまたこの財団はスペイン国内だけでなく、一九八八年にはアルゼンチンのブエノスアイレスにも支部をつくり、中南米のスペイン系学生たちの教育にも力を注いでいる。

オルテガは「二〇世紀思想ライブラリー」の発足や「西欧評論」の発行によって、彼自身が言う「スペインのルネサンスはヨーロッパとの結婚によって実現する」との確信に一歩近づくのだが、この言論活動の他にヨーロッパの名士たちを数多くスペインに招待した。この中にはツタンカーメ

「西欧評論」のメンバーたちのテルトゥリア（集会）左から３人目がオルテガ。1931年。

ンの王墓を発掘したイギリスのエジプト考古学者ハワード＝カーターや、アルベルト＝アインシュタイン、マルティン＝ハイデッガーらがいた。これらの人々の現実の人間像に接することによる教育効果を重視したのだった。そしてこうした賓客たちに滞在してもらう宿舎に、ＩＬＥ（自由教育学院）の創立者ヒネル＝デ＝ロス＝リオスが一九一〇年に建てた「学生会館」（レジデンシア＝デ＝エストゥディアンテス）をあてた。学生会館とはいってもここはマドリッド市内の文京地域、ピナール通に沿う高台にあり、内外装ともに堂々たる建物で、風格のあるサロンや食堂、会議室、研究室などが完備されており、オルテガ自身もここでしばしば講演会や「テルトゥリア」を開いていた由緒ある場所で、今日なお内外の学生や学者、研究者たちが多く利用している。

「近代」と「現代」

一九二三年はオルテガの思想形成の面からみても、極めて重要な年であった。それは『現代の課題』（El tema de nuestro tiempo）が公刊され、彼の哲学の根本理念である「生の理性」（la razón vital）という考え方が初めて世に問われた年だったからだ。

この書は、オルテガが一九二一年から二二年にマドリッド大学で行った講義をもとに、若干加筆され翌二三年に出版されたものである。彼はこの書で、古い哲学理念はすでに死滅し、「われわれの時代」(nuestro tiempo) ＝「現代」の新しい理念が生みだされつつあるのだと提唱する。オルテガは、ガリレオやデカルトに始まり約三〇〇年続いたポストールネサンス、すなわち「近代合理主義」の時代と、彼自身の二〇世紀初頭の時代との間に明確な一線を引こうと考える。この意味で彼は「近代」(edad moderna) と「現代」とを言葉の上で厳密に区別する。

この近代を通してヨーロッパは、科学の急速な進歩によりその知的歴史が変貌するのだが、ことスペインに関しては、かつてのヨーロッパを制した黄金時代にも拘らず、年々衰微の一途を辿り「暗黒の、後進的、神秘的スペイン」と呼ばれるほどに、ヨーロッパの中心から政治的にも文化的にも遠ざかってしまった。宗教改革から産業革命にいたる時代の波に乗れず、ヨーロッパ「周縁部」に置き去りにされたスペインを、なんとかしてヨーロッパ大家族の一員にもどしたい。……オルテガが青年時代から夢見てきたスペインの「ヨーロッパ化」構想が、この書の大きな思想的背景になっていた。オルテガは、デカルトの流れを汲む「近代」思想の時代はすでに終わり、新しいヨーロッパ哲学の時代に入ったと主張する。そしてそれこそが、「新しいスペイン」を生む母体になるのだと考えた。

近代ヨーロッパ文化の思想的母体だったデカルト哲学は、オルテガによれば、二つの対極的理念、すなわち「理性主義」(racionalismo) と「相対主義」(relativismo) という両極に根ざしている。

前者はガリレオ、デカルト、ニュートンらによる合理主義的伝統を育てたが文化を衰退させた。後者は、単なる主観的経験は絶対的真理ではなく、あるのはただ各主観に応ずる相対的な真理だけとする理念であって、人間存在そのものを否定する懐疑主義であり一種の自殺論である。「理性主義は真理を固守して生を見捨てる。相対主義は不変的真理よりも実存性を主張する。われわれはこのどちら側にも自分の精神を置くことができない」としてオルテガは、この「生」と「理性」の対立を解消する理念「生の理性」哲学を生みだしたのだった。後章で詳しく触れてみたい。

『大衆の反逆』の刊行

このようにして一九二〇年代の半ばは、オルテガにとって大学教授として、編集者としてまた政治評論家として、スペイン国内で次第に影響力を高める時期だった。プリモ＝デ＝リベラ独裁政権に対する世論の風当たりが厳しくなり始めた一九二七年、「エル－ソル」紙に政治危機を警告した『ミラボー、即ち政治家』(Mirabeau o el político)を発表したほか、五回にわたる連載記事を掲載した。いずれも知識人が社会的勢力となるためには、いかにあるべきかを説いたものである。オルテガは、フランス革命のさい自由主義穏健貴族の代表として国民議会で立憲王政派を牛耳ったミラボーを尊敬していた。ミラボーはブルジョアジーとして第三身分から選出されるが、その雄弁によって絶大な人気を博し、革命の原動力の一つになったことは改めて言うまでもあるまい。オルテガは、知識人の最高の仕事は「真実が何かを考え、考えがまとまったらそれを口に出して訴えることであり、これが知識人に課せられた行動の原理」と規定する。直接行動は政治家の領域であって、真理を述べることこそ知識人に最優先の仕事なのだと主張した。

そしていよいよ彼の代表作の一つ『大衆の反逆』(La rebeliõ n de las masas) が世に出ることになる。これは一九二九年一〇月から三〇年一月にかけて「エル-ソル」紙上に連載された記事をまとめて出版したものである。この書の主要テーマは、一〇年前の『無脊椎のスペイン』ですでに明示されたオルテガ独自の大衆社会批判論である。その内容については後章で詳しく触れることになるが、『無脊椎のスペイン』と違う点は、「社会権力の座につこうとする大衆」が「すぐれた少数者に従おうとしない」反逆的傾向は、スペインだけの問題ではなくヨーロッパ全体に見られる現象だと指摘していることである。ここから同書ではシュペングラーと共通したヨーロッパ危機論、文明史観、国家論などが展開される。さらにこうした思考の根源として「私は私と私の環境」哲学と『現代の課題』で説明された「生の理性」論が随所に述べられる。つまり「人間の生は、個人の意思だけで作られるものでもなければ、環境によってすべて支配されているわけでもない。自らが環境に働きかけながら作り上げて行くもの、すなわちわれわれの生はあらゆる可能性の中で選択し決断しながら自ら作り上げるものだ」という基本理念である。

いずれにせよこの書は、まずドイツをはじめヨーロッパ諸国で大反響を呼び、やがてその名は全世界に広まった。オルテガの名を聞いてこの書名を知らないものはいないほど有名になった。当然国内、とくにプリモ=デ=リベラ政権に与えた影響は大きかった。同政権はこの年崩壊、国王アルフォンソ一三世が退位し、スペインに第二共和制が誕生する。

制憲議会議員として

オルテガは一九三一年二月、評論家グレゴリオ＝マラニョンや作家ラモン＝ペレス＝デ＝アヤラと一緒に「共和国奉仕集団」（Agrupación al Servico de la República）を結成した。これは当時の中産リベラル知識人や職業人たちの幅広い支持を受けた一種の政治結社で、政党としての活動よりも、スペインを「本物」の共和国にするため、他のあらゆる共和派グループと連携する仕事を本旨としていた。そしてオルテガはこれを母体に、制憲議会（コルテス）の代議員に選出された。スペイン第二共和国が正式に成立したのは、三一年八月一四日。この日からオルテガは政治家としての道を歩むことになる。

第二共和国が誕生した当初のスペインは、ドイツのワイマール憲法をモデルとして、一院制、完全な責任内閣制度、婦人と兵士に拡大された普通選挙制度など採用したことで、純粋な議会主義体制が確立された。憲法裁判所の権限も強化される一方、外交分野では「戦争放棄宣言」や「国際連盟加盟」を実現し、アルカラ＝サモーラ初代大統領は表向きは順風満帆のスタートを切ったと言える。しかし内政面では、それまでの独裁体制下で生じたさまざまな矛盾、さらに言えば王政復古時代から引き摺ってきた超保守的体質の後遺症ともいえる社会問題が、一斉に噴き出す危機状態にあった。

その一つは「労働問題」である。とくに農業改革をめぐる右派と左派の対立が深刻さを増していた。農地改革は新政府が公約した基本政策であったにも拘らず、議会での合意は出来なかった。共産主義者とアナーキストたちは「土地はそれを耕す者のために」、社会主義者は「土地の国有化」を、自由主義者は「土地の私有」を、そしてカトリック信者は「土地の家族所有と被収用者への補償」をそれぞれ主張して譲らなかった。地価の下落や小作料削減で不満を持つ農民の抗議行動が各地で目立ち始め、中でもアナーキストの影響力が強いアンダルシア地方では暴動化の様相すら見せていた。工業労働者の状況も似たようなものだった。左派の全国組織CNT（全国労働連合）は、社会党系穏健派のUGT（労働総同盟）と戦術上の対立を強め、次第に政治問題化しつつあった。

修道院放火事件

第二は「宗教問題」である。何世紀にもわたってカトリック教会が支配してきた学校制度を、宗教色のない制度に移行することは至難の事業だった。政権の一翼をになうカトリック系自由主義者たちは、政教分離方式でカトリック教会の既得権を守ろうとしたが、共和主義者たちはこれを危険視し、スペイン-カトリックの中枢であるイエズス会と同会修道院などを教育施設の枠外に置く特別立法措置を講じようとした。アナーキスト系の極左政治グループは公然と反教会主義を口にした。そして一九三一年五月一一日から一四日にかけて、カトリック教国スペインにとっては歴史的大事件といえる「修道院放火事件」が起こった。

事件はスペイン各地に同時多発的に起こったが、とくに首都マドリッドやアンダルシア地方の教会が狙われた。小さいグループの仕業ではあったが、礼拝堂や修道院の建物が焼かれ、墓地は教会の手から離れ、学校から十字架が取り除かれた。アナーキストたちにとっては絶好の機会だったかもしれないが、こうした行為を自由に対する侵害と受け取る人々も少なくなかった。オルテガは幼少時のマラガ＝イエズス会系学校での経験いらい、反カトリック的な言動を公けにしてきたが、ことこの事件に関する限り容赦はせず、「エル＝ソル」紙上で次のように厳しく非難した。

「教会や修道院を燃やしても、真の共和主義的情熱や進歩的精神を示すことにはならず、むしろそれは物質万能主義の原始的かつ犯罪的な蛮行にほかならない。放火者がもし新しい民主主義理念に刺激されたのだとしたら、彼らはこれらの建物を焼いたりせず、むしろこれらを社会的な目的に使用すべきだと訴えただろう。またもし彼らが真の現代人だったなら、炎に包まれるスペインに異端審問時代のスペイン＝イメージを見出し、こうした馬鹿げた放火行為を慎んだろう。……」

地域分立主義との対決

第三は、カタルーニャ地方の自治独立を目指す「地域分立主義」の問題だった。オルテガは、カタルーニャの自治は支持するが、連邦主義者としての立場から、その完全自治は認めなかった。議会でもカタルーニャ共和国として完全独立を求めるグループと、自治条例で当面の危機を回避しようとするグループとの間で激しい対立がみられたが、結局アサーニャ首相の説得と強い決意が通り、「自治条例」が最終的に可決された。これによりカタルーニャ地方は、独自の行政府、議会、行政機関、裁判所を持ち、予算をたて、独自の文化活動をすることが認められた。しかしカタルーニャで火が点された「分立主義」への動きは、当然バスク地方にも波及し、問題の抜本的解決には至らなかったわけである。

オルテガはもともとアサーニャ首相の友人でもあり、彼への支持を惜しまなかったが、議会内にアサーニャとその支持政党に対する反対ムードが高まるにつれ、その立場も変わってきた。ことに教条的自由主義者と保守的共和主義者とが結託し、本来の共和主義中道路線に陰りが見られ始めたのを契機に、オルテガやウナムノら知識人たちは、夢とほど遠くなりつつある現実に失望しその思いを新聞・雑誌に書きまくった。オルテガはラジオ放送を通じて「共和国の矯正」を訴えたほか、ウルゴイティと一緒に新たに「共和国奉仕集団」の機関誌的意味あいの「クリソル（るつぼ）」（Crisol）誌を発行し、左右両極に分裂しつつあった共和国を告発する文書を公けにした。だが状況は一向に改善されず、オルテガは一九三二年八月、代議士を辞任した。それから二か月後、「共和国奉仕集団」も解散となった。オルテガの現実の政治活動はわずか一年で幕を閉じたのである。

内戦勃発と亡命生活

人民戦線内閣の誕生

オルテガが制憲議会議員を辞してからの数年間は、スペイン国内は政治・社会不安やカタルーニャ問題がますます深刻化し、左右両翼からの突き上げで共和派による中道政治は最大の難局を迎えた。とくに一九三四年から三六年にかけては「暗黒の二年間」と呼ばれる最悪の時期となった。

まず右翼勢力は、王党派や聖職者、軍人グループ以外に、民衆行動党、スペイン刷新党など小規模政党が乱立し、分裂状態にあった。加えて一九三三年一〇月にはプリモ＝デ＝リベラの息子のホセ＝アントニオが王党派内の小グループを率いて「ファランヘ党」を結成した。こうした分裂右派を辛うじてまとめようとしたのがヒル＝ロブレスで「スペイン自治右翼連合」（CEDA）の名の下に右翼の結集を計った。

一方左翼勢力は、社会党、共産党、極左アナーキストたちが、農業・工業労働者たちにそれぞれの立場から労働攻勢を指導し、アサーニャ内閣にゆさぶりをかけた。サモーラ大統領は一九三三年、ついにアサーニャ首相を罷免した。こうした動きの最中に、国内で二つの大事件が起こる。一つがアラゴン地方のサラゴーサで起こったアナーキスト共産主義者暴動で、もう一つはカタルーニャ地方の自治独立のための革命運動だった。前者は農業政策の修正で決定的大事にはいたらず、また後者は軍事介入で鎮圧されたが、いずれも一九三四年をピークとして国内の政情不安を一層高めることになった。そして一九三五年八月、労働組合と左翼政党との間に、「人民戦線」が結成された。

一九三六年二月に行われた総選挙は、左翼勢力が勝利をおさめ、スペインに「人民戦線内閣」が誕生した。そして大統領に共和左派の元首相アサーニャ、首相にカサレス＝キローガが就任したのだが、人民戦線の勝利は国内に再び別の形での社会不安を呼び起こした。これまで権勢をほしいままにしてきた教会や修道院、右翼諸政党本部への報復的な襲撃事件、小作人たちの農村復帰、治安警備隊との衝突などである。首都マドリッドではファランヘ党員による個人テロ事件が頻発した。ヒル＝ロブレスの穏健政策に飽きたらず失望した極右の青年たちは、ファシスト・グループに走った。このころドイツではヒトラーのナチ政権が、またイタリアではムッソリーニのファシスト政権が旭日の勢いを誇示していた。

ゲルニカの悲劇

一九三六年七月、内戦が勃発した。「軍事蜂起（プロヌンシアメント）」である。最高指導者はサン＝フルホ将軍だった。同将軍は一九三二年には治安警察長官だったが、一九三二年にクーデタ未遂事件を起して、共和政府によりポルトガルに追放されていた。軍事蜂起を画策し、スペインに乗り込む手筈だったのが、皮肉にもリスボンを離陸するさいに飛行機が墜落し死亡した。代わって指導者の地位についたのが、フランシスコ＝フランコ（一八九二〜一九七五）とマヌエル＝ゴデーの両将軍。二人ともモロッコで名を馳せ、人民戦線内閣時代に危険視されて、それぞれバレアレス諸島、カナリア諸島に左遷されていた。七月一八日、二人とも密かに任地を脱出、ゴデーはバルセロナの、フランコはモロッコのそれぞれ重要駐屯部隊拠点に赴いて、スペイン各地駐屯部隊と同時に一斉蜂起し「戦争状態」を宣言した。ヒトラーとムッソリーニは直ちにフランコ支援を決定、同年一〇月にフランコは、反乱軍総指令官兼政府首席に就任した。反乱部隊はアラゴン、ナバラ、ガリシア、カスティーリャ台地、アンダルシア沿岸部をまず押さえた。戦闘は、これから「内戦終結宣言」がフランコによって公布される一九三九年四月一日まで三年近く続くことになる。

有名なナチ‐ドイツ空軍によるゲルニカ（スペイン北部、バスク地方の町）無差別爆撃は、三七年四月二六日に実施された。画家ピカソはこれに激しく抗議して大作『ゲルニカ』を描き、パリ万国博に出展した（これは戦争を描いた不朽の名画として絶賛され、今日マドリッドのソフィア王妃美術センターに展示されている）。

連続講義『ガリレオをめぐって』　一方、こうした激動の時期に際して、表舞台から身を引いていた（議員を辞した）オルテガは、一九三三年マドリッド大学で『ガリレオをめぐって』（En torno a Galileo）と題する連続講義を行った。そしてそのうち第五、六、七、八講の内容は、のちに『危機の図式』（Esquema de las crisis）という題名で単行本として公刊される（一九四二）ことになる。この連続講義はもちろんただ単なるガリレオ伝ではない。一六三三年七〇歳のガリレオ＝ガリレイが、ローマの宗教審問所で、それまで支持してきたコペルニクスの地動説を否認するよう強制され、「それでも地球は動く」との名言を吐いたというあの有名な裁判を材料に、中世から近代への歴史的転換期の危機を、過去・現在・未来という哲学的次元でとらえた、いわばオルテガの歴史哲学論である。「ヨーロッパの運命がかつて経験した最も深刻な危機、つまり一四世紀末に始まり一七世紀にいたる危機は、ガリレイおよびデカルトとともに終わる。この危機の時代の終わりごろに、二つの時代の間の分水嶺のように、ガリレイの英姿が誇らかに立ちはだかっている。この英姿とともに人間は、近代という時代に足を踏み入れるのである。……」そしてこの「ガリレイの足元からはじまった近代は、われわれの足元で終わっている、それどころかわれわれの足はすでにここを離れてしまった」として、オルテガが最も言いたい新しいヨーロッパ、新しいスペインの危機を訴えた。「過去も現在も、未来との関係において実存する。」つまり過去は未来を形成するための材料であり、現在とは未来に向かう人間がこうした過去の材料から選択し、生を確立する瞬間だととらえる。この考え方が一九四一年に発表された『体系としての歴史』（Historia como sistema）に結実する。「歴史は、私の生、すなわち根本実在に関する体系的な学問である。したがって歴史は、最も厳密かつ最も現実的な意味での、現在についての科学である。……」

マドリッド大学 オルテガも教壇に立った。筆者撮影

記念すべき一九三五年

一九三五年はオルテガにとって記念すべき年だった。まずはローサ夫人との結婚二五周年にあたり、銀婚式が催された。またマドリッド大学在職二五周年にもあたり、記念式典が行われスペイン政府から叙勲されたほか、マドリッド市からも金メダルが授与された。この年五月にはオルテガはマドリッドで開かれた国際図書館人大会で『司書の使命』(Misión del bibliotecario)と題する講演を行い、これが「西欧評論」社から出版された。この講演はフランス語で行われたが、内容は図書館司書の役割・使命から、書物とは何かといった読書論を豊富な史実を交えて軽妙なタッチで論述したエッセーである。

しかしこのころスペインの国情は緊迫の度を増し、人民戦線が結成され翌年には人民戦線内閣が誕生した。そしてフランコらによる内戦が始まるのである。オルテガはこの急激な国情の変化をどう考え、どのような立場をとろうとしたのだろうか。

スペイン内戦に関してオルテガは、一九三六年以降少なくとも公けには沈黙を守った。しかし彼の考え方はいくつかの私信を通してうかがい知ることが出来る。それはある意味で矛盾に満ちたものであり、周囲の圧力に追い詰められたデリケートな苦悩に満ちた立場だった。彼はまず内戦勃発当初は、反乱軍側の勝利を望んでいた。それはオルテガ自身が議員を辞職して以来の混乱する政治、とくに人民戦線内閣誕生で左翼勢力が強大化してゆく中で、これに歯止めをかけようとした民族主義的グループ、つまりフランコ将軍らによる反乱に期待を抱いていたからである。しかし、フランコに対する当初のオプティミスティックな考えは次第に幻滅に転ずる。厳しい検閲制度などで自由な言論活動はもはや不可能と判断したオルテガは、共和政府側、反乱側のいずれにも組みしない立場をとろうとした。それには、こうした狂気の時代にあっては国外に亡命する道しかなかったのである。

大学追放

前に述べたように、オルテガは一九三一年、スペイン共和制の成立に重要かつ積極的な役割を果たしたが、一年後議員を辞めて学究生活に戻った。しかし左右両極に分化しつつあったスペイン社会には、すでに左か右かのいずれの立場かを明確にしなければならない、魔女裁判的なムードが支配し始めていた。いわば踏み絵を踏ませようとする「政治的偏向」の病理に冒されていた。一九三六年二月の総選挙で人民戦線が勝利して事態はますます深刻となった。オルテガはその頃はまだマドリッド大学で教鞭をとっており、当然共和国政府側にあったが、共和派であっても人民戦線のやり方に賛成しないものは、迫害の対象となった。態度を曖昧にしていたオルテガは、極右からはもちろん、左翼の人民戦線派からも攻撃を受けた。内戦勃発当時の心境についてオルテガは、次のような趣旨の書簡を残している。

「私が何故ことを曖昧にしていたかという理由は、勝ち誇った軍隊がマドリッドを占領しスペインの再建を計るとしても、そのことに対する私の心の準備が出来ていなかったからだ。内戦が始まるまでは私の共和政府に対する立場は好ましいものだったし、その軍隊を尊敬もしていた。私が躊躇せざるをえなくなったのは、共和国政府支持を宣言する文書にサインしなければならなかったことだ。これはひどい脅迫の下に強制されるようなものだった。そこで私はサインを徹底的に拒否した。この結果は若いコミュニストたちを刺激し、彼らは新たな脅迫を加えてきた。そこで私は、なにびとをも攻撃しない内容のものなら一年前にでもサインしただろうと答えた。……」

オルテガの意向に沿って修正された文書が持ち込まれた。これには友人のマチャード、マラニョン、メネンデス＝ピダル、ペレス＝デ＝アヤラら知識人たちが署名し、オルテガもサインすることになる。だがこの文書は「反ファシスト作家宣言文」とは趣を全く異にしたもので、人民戦線系の新聞「クラリダード（光明）」はこれを根拠に「オルテガの哲学はファシストたちの心を養うもの」と非難攻撃した。そして数週間後、オルテガは「反革命分子」としてマドリッド大学教授のポストを剝奪され、追放された。大学浄化委員会の名によって。そしてオルテガの身辺には極左テロによる危険が迫っていた。

亡命への旅立ち

ちょうどこの頃、オルテガは重度の胃病と胆石を患い、医師から生命の危険もあると警告されていた。一九三六年八月三〇日、兄エドゥアルド（当時マドリッド市議会議員＝社会党）の助けをかりて、妻子ともどもマドリッドを離れ、スペイン南東部地中海に臨む都市アリカンテに向かった。持ち物はスーツケース二個と現金五〇〇ペセタだけだった。これがその後九年間に及ぶオルテガ亡命生活への旅立ちだったのである。この時オルテガは五三歳であった。

オルテガはアリカンテから船で地中海を越え、フランスのマルセイユに向かい、そこからグルノーブル経由で同年一一月パリに着いた。パリではまず一六区のグロ通四三番地に居を定めた。このアパルトマンは早速に故郷から逃げ出してきた親戚・知人たちの一時的避難場所になる。胃と胆石の病は相変わらず重症でしばしば苦痛を訴えたが、オルテガは財政上の理由から手術も出来ず、また家計の足しに、物書きに徹しなければならなかった。この頃の主な収入源はジャーナリストとしての仕事で、とくに南米アルゼンチンのブエノスアイレスの新聞「ラ＝ナシオン」への寄稿であった。一九三八年の春、彼はオランダの歴史家ホイジンガ（一八七二〜一九四五）教授から、ライデン大学で連続講義をするよう招待を受けた。ライデンのあとロッテルダム、デルフト、アムステルダム、デン＝ハーグの各地で講義・講演を行い、さらにフランスのスペイン国境に近いサン＝ジャン＝ドゥ＝ルスにまでも出向いて講演した。

しかし病はさらに悪化していた。同年九月パリに戻ったオルテガは、直ちに胆嚢《たんのう》の手術をしなければならなかった。幸いに手術は成功、この年の年末から翌三九年二月まで静養のため南ポルトガルのポルティミャオに滞在した。元気を回復したオルテガはパリに戻るが、この頃スペイン内戦はすでに終幕を迎えていた。つまりオルテガは、フランコによる反乱が始まった直後にスペインを離れ、フランコが勝利し政権を確立した時までパリに滞在し、その行方を見守っていた訳である。内戦の結果、スペイン国土は荒れ果て、廃墟と飢えと絶望感が充満していた。マドリッドに残っていたオルテガの長男ミゲルは、父親に様々な情報を伝えると同時に、フランコ政権が没収し差し押えようとしていた「西欧評論」の事務所を守った。オルテガは以前から話があったアルゼンチンの文化団体「アミゴス-デル-アルテ」（芸術の友）からの招待を受けて、一九三九年八月ローサ夫人と娘ソレダードを伴って、フランスのシェルブール港からアルゼンチンに向けて旅立った。

翌九月一日ドイツ軍がポーランドに進撃を開始、三日にフランスとイギリスはドイツに対して宣戦を布告した。第二次世界大戦が始まったのである。フランコはスペインの中立を宣言した。

三度目のブエノスアイレス訪問

オルテガが南米を訪れたのはこれが初めてではない。一九一六年、三三歳の時父ムニーリャと一緒にブエノスアイレスを訪問したし、また一九二八年にはブエノスアイレスからサンチャゴ（チリ）にまで足を伸ばしている。一回目の訪問はアルゼンチンの「スペイン文化研究所」からの招待を受けた旅行で、地元のスペイン系市民をはじめドイツ、イタリア、イギリス系移民の子孫たちを聴衆に講演した。スペインがキューバやプエルトリコをまだ植民地としていた二〇年、三〇年前なら、とても考えられなかったに違いない大歓迎を受けたと、彼は述懐している。ラテンアメリカのスペイン語国民に対して、新しいスペイン文化と最新のヨーロッパ思想を紹介し、アメリカ大陸とヨーロッパ大陸とのかけ橋を作る「民間大使」だと自認していた。ただここで注目する必要があるのは、オルテガはインディオなど先住民社会よりもスペイン系住民を中心とする白人社会に大きな関心を持っていた点であり、とくにアルゼンチンをテーマにした問題を幅広く書いたことに特色がある。一九二八年の二回目の訪問も大成功で、オルテガとアルゼンチンの特定の作家や知識人たちとの結びつきは一層強まった。しかしオルテガのアルゼンチン人およびアルゼンチン文化に対する率直な批判を心良からず思う人々もいたようである。オルテガはいくつかの著述の中で、アルゼンチンには人の心を打つような作品がないと書いていたし、アルゼンチン文化について歯に衣を着せないズケズケしたものの言い方が、講演会場の聴衆たちをすっかり白けさせてしまったともいう。

三回目の亡命の旅では招待団体「アミゴス-デル-アルテ」のビクトリア=オカンポやエドゥアルド=マジェーアなど知識人たちが暖かい友情で迎えてくれた。オカンポ（一八九〇～一九七九）は「スール」という文化雑誌を発刊、文学サロン活動を通じてブエノスアイレスの新しい知識人、文学者を育てた功労者であり、作家マジェーア（一九〇三～八二）とともども、ホルヘ=ルイス=ボルヘス（一八九九～一九八六）らによって展開されたアルゼンチン新文学運動の先駆者として知られる。オルテガは着いて早々の一か月は、講演スケジュールがぎっしりつまっていて多忙を極めた。

しかしオルテガはやがて今回の訪問が、以前の二回の訪問時に比べて冷やかな空気を感じる。とくにブエノスアイレス大学は彼に冷淡だった。これは二回目の訪問時に同大学で行った講演でアルゼンチンの土着文化についてかなり辛辣《しんらつ》な侮蔑的な意見を述べて、一部の聴衆を怒らせてしまったからで、結局オルテガは「スペインという本家からやってきたパトロン」に過ぎないとの印象を与えてしまったようだ。こうしたことが原因になってか、彼のブエノスアイレス生活は決して楽しいことばかりではなかった。

病魔と困窮生活

加えてオルテガの健康状態は一向に改善されず、むしろ亡命生活の不如意、不便さが彼の心身全体に悪影響を及ぼす。さらにアルゼンチン国内の政治情勢も不安定だった。首都ブエノスアイレスは一九三〇年代末期まで、南米で最も洗練されヨーロッパ化された都会だったが、この間急進左翼の台頭や軍部クーデタが繰り返され、しばしば政治危機に見舞われていた。一方外交面では、アルゼンチンは第二次大戦にあたって独伊枢軸側につく姿勢を明らかにし、反ユダヤ主義の風潮も生まれてきた。日常生活に軍人が目立っていばり始めた。オルテガはこうした政治・社会不安を肌で感じて、故国スペインが辿ってきた苦難の道を思い出さずにはいられなかった。

アルゼンチンは一九四三年、フアン＝ドミンゴ＝ペロン（一八九五〜一九七四）が軍事クーデタを起こし、四六年大統領に就任して独裁権力を樹立するまで、政治的、経済的混乱が続く。一方オルテガはこうした情勢に早々と見切りをつけたのか、四二年にはブエノスアイレスを離れ、ポルトガルに移った。同地でスペイン帰国の機会を伺うのである。

オルテガはブエノスアイレスに住んでちょうど一年たった頃の心境を、「ブエノスアイレス、一九四〇年一〇月」という日付のメモで次のように記している。

「この五年間私は世界のあちこちを旅したが、二冊の厚手の本を書き上げようと努力してきた。これらは過去一〇年間の私の仕事を凝縮させたもので、一つは『歴史的理性の夜明け』(Aurora de la razón histórica) という題の哲学書で、もう一冊は『人と人々』(El hombre y la gente) という社会学の大著である。しかし残念ながら十分な推敲《すいこう》が出来ず書き上げられない。……この五年間、国から国へ、また別大陸へと移り住んだ。私は困窮生活に悩まされたし、長年にわたって死に直面する病気と闘ってきた。もし私がこの荒海の中で生命を落とさずにすんだとしたら、それは他でもない、これらの書物を完結させたいという私の夢のおかげだろう。毎年決まった季節にやってくる渡り鳥のように、私の生活に小さな平和と静けさが戻ってきた時、私はこの仕事の仕上げに絶対必要な図書館などから自分が遠く離れていることに気付いた。だからいま私はこの仕事の仕上げが何時出来るか、全く分からない。……」

『自己沈潜と自己改変』の刊行

アルゼンチン滞在中のオルテガの仕事には二つの流れがあった。一つは人間の生に関する深い洞察を伴った哲学体系であり、もう一つはアルゼンチンの生活、ラテンアメリカ文化に関する軽いタッチのスケッチだった。ブエノスアイレスに到着してから二か月足らずのうちに、オルテガは『自己沈潜と自己改変』(Ensimismamiento y alteración）を出版した。これは一九三九年秋に招待主である文化団体、「アミゴス-デル-アルテ」に提出した『人と人々に関する六講』という題の連続講義案の最初の部分だった。ブエノスアイレスで行ったこの六回の講義は、それから一〇年後にマドリッドで一二回の講義にふくれ上がり、最終的にはオルテガ死後の一九五七年に、『人と人々』（『個人と社会』という邦訳あり）完成版として「西欧評論」社から公刊されることになる。これは題名からも想像できるように、いわばオルテガ社会学の集大成である。しかし遺稿として出版された『人と人々』には、予告された一二講プラス八講のうち最初の五講、つまり人間論、挨拶論、言語論などが収められているだけで、後半の国家、法律、政治、国民国家、国際国家、動物社会論などは載っていない。一九五五年、オルテガはこの仕事を未完のまま死去したのである。いずれにせよ、オルテガ社会哲学の核心は次のように要約される。

われわれがただ漠然と呼ぶ「社会的事実」とは、なんらかの形でそこに現れるはずの「根本的実在」から出発する。この「根本的実在」こそわれわれの「生」である。各人はその「生」を構成する種々の実在の中から「社会的なもの」を探求するのである。……

社会的なものは人間の行動に基礎を持つ、つまり人間的「生」の一事実である。人間的事実は常に個人的事実である。しかし社会的事実は孤独としての人間的「生」の行為ではなく、人間的共存の中から生まれるものである。親子とか友人とか個人と個人の間の関係である。だが共存それだけでは社会的事実ではない。例えば挨拶とか警官に指示される行動ルールとか、自分たちの創意、自発的意思とは無関係に「ただそう行われているから」「そう命じられているから」行うという「慣習」が実在する。つまり社会を構成する事実は慣習である。そしてその非人称的、不特定の主体は「すべての人」、「だれでもない人」、すなわち「人々」(la gente) なのである。……

ブエノスアイレス大学で講義した『自己沈潜と自己改変』ではこうした基本理念に基づいて、動物園の檻の中の猿を例証しながら、人間性の特質を分かりやすく説明する。檻の中の猿は、周囲から来るあらゆる気配にきき耳を立て、休むことなくあたりに注意を払い、終始不安げに警戒している。動物は自己の存在を律しもしなければ、自分から生きるのでもなく、常に自分以外の「他者」に注意している。他者によって左右され、他者に虐げられ、他者によって生きるということは、動物が自己の存在を否定する、つまり自己を「改変」し、常に気もそぞろに生きているということ、したがってその「生」が本質的に「自己改変」だということである。

一方、人間も周囲に気を遣い、自分で自分を脅かすことがあるのだが、動物と違って、時折ものに対する直接的な関心を停止させ、自分の世界から抜け出てそれを無視することが出来る。言い換えれば世界に背を向けて自己の内部に入り込み、自分自身に没頭することが出来る。「自己に沈潜する」ことが出来る。そしてこのことは、人間には二つの能力があることを示している。一つは致命的危険を冒さなくても一時的に周囲の世界を無視できること、もう一つはそうした世界から抜け出たときに自己を存在させることができる場を持っているということである。ここに人間社会の特質があるのだと、説くのである。

経済生活と闘病生活とに疲れきったオルテガは、まだ第二次大戦の最中とはいえ、内戦もおさまった故国スペインにそろそろ引き揚げる時期が来たと考え始める。マドリッドにはミゲルとホセという二人の息子が住んでいたし、南米に連れていった娘のソレダードも一足先に帰っていた。情報は十分に入手していた。

一九四二年二月、オルテガはローサ夫人を伴って、ブエノスアイレス港から再び大西洋を横断、ポルトガルのエストリールにひとまず移り住んだ。エストリールは首都リスボン西郊の海岸線に沿った美しい高級住宅地である。この地に居を定めるにあたっては、三人の子供たちはもちろん、愛弟子のフリアン＝マリアスも大いに努力したという。

晩年の活動

快適なエストリールの三年　エストリールでの三年間に及ぶ生活は、平穏で快適なものだった。病気も小康状態を保ち、オルテガにとっては心身ともにリラックスできる三年間だった。しかも母国スペインは目と鼻の先、帰ろうと思えば何時でも帰れる気楽さがあった（オルテガの母親ドロレスは一九三九年スペインで死去したが、亡命中のオルテガはもちろん帰国出来なかった）。だがスペインの国内情勢は、内戦が終わったとはいえフランコ政権の基盤はまだ不安定だったし、かつて共和派を支持していたオルテガにとって、帰国後の生活に煩わしさがつきまとうのは避けられまいと思うのだった。そこでしばらくこの地にとどまり様子をみることにしたのである。マドリッドにいる娘や息子たちとは何時でも連絡がとれたし、弟子のフリアン＝マリアスがオルテガの生活や仕事を全面的にサポートしてくれた。

オルテガはポルトガル滞在中には、ライプニッツ（一六四六～一七一六）の研究に徹し、リスボン大学で、ブエノスアイレス大学以来の連続講義、『歴史的理性』（La razón histórica）を継続する一方、後年集大成を見る芸術論『ベラスケス入門』（Velázquez 一九五九年遺稿出版）に着手する。つまり以前のような政治評論やジャーナリスティックな著述の仕事からしばらく遠ざかって、もっぱら思索的な生活に入ったのである。のちに出版される『哲学の起源』（Origen y epílogo de la filosofía、一九六二年遺稿出版）や『人と人々』、『ライプニッツ理論の理念』（La idea de principio en Leibniz）などの草稿も、一九四二年から四五年にかけてのこの時期に練り上げられた。

この頃第二次世界大戦は、緒戦に圧倒的勢いを見せていたナチ＝ドイツがソ連との一大決戦、スターリングラード攻防戦を境に敗戦の様相を見せ始める。一方、米英連合軍は北アフリカに上陸し、フランコはアングロ＝サクソン勢力から圧力を受ける。フランコがドイツのナチ党をモデルにして、スペイン国内の右翼諸政党を大同団結し再組織した「ファランヘ党」（一九三三年ホセ＝アントニオ＝プリモ＝デ＝リベラが結成したファシスト政党。フランコ政権下唯一の合法政党）もその全体主義的色彩を薄めざるをえなくなった。そしてスペインは本音とはうらはらに、次第に米国寄りの外交路線をとり始める。

一九四五年五月七日、ドイツが降伏し第二次世界大戦は終結した。

一〇年ぶりの再登場

オルテガはその二年前の五月八日にポルトガルで六〇歳の誕生日を迎えたが、若い頃の元気をすっかり取り戻したようだった。息子たちや娘は、この当時の父は生涯の中でも最も建設的な、また幸福な時期だったと追想している。オルテガ自身のスペインへの郷愁も並々ならぬものがあったに違いない。大戦が終わった四五年八月八日、オルテガは一九三六年の夏いらい九年ぶりにマドリッドへ戻った。とはいってもこの時はマドリッドの様子を垣間見るていどで、静養を目的にバスク地方の海岸の町スマイアに赴き、そこで夏を過ごした。フランコ政権下のマドリッドに再び住めるかどうかを確かめに一時帰国したといってもよい。オルテガはすでにリスボンに住居を構えていた（この家は彼が死去するまで保持していた）。しかしこの一時帰国のさいに、彼はマドリッドでの住居も決めていた。つまり、オルテガは亡命から戻って以来死去するまで、リスボンとマドリッドの間を行ったり来たりするのだった。だが、マドリッドのモンテ-エスキンサ街二八番地のこの家は、結局彼が晩年に住み、ここで一生を終える最後の住居となったのである。

三人の子供たちは相変わらずマドリッドに住んでいたが、次男のホセは「西欧評論」社の役員をしていた。同社の目玉商品である月刊「西欧評論」誌は、発行停止状態（一九六三年に復刊）のままだったが、内戦が終わった頃から同社は幾種類かの印刷物を発行していた。さらにフリアン＝マリアスがドイツ語から翻訳した二冊の哲学書をはじめ、マリアス自身が書いた『哲学史』その他数多くの内外の書籍が、昔ながらのフクロウのロゴ-マークをつけて出版されていた。ナチ-ドイツやフランコ政府から様々な嫌がらせを受けながらも、ホセは立派に父オルテガの仕事を守り通してきたのだった。

「西欧評論」誌　現在も発行されている。

オルテガがマドリッド市民たちの前に公けに姿を見せた

のは翌一九四六年五月四日、「アテネオ」でだった。実に一〇年ぶりの再登場である。詰めかけた聴衆は、この一〇年間のスペイン、つまり内戦が起こりフランコの独裁体制が固められたスペインの状況について、オルテガがどのような発言をするか固唾《かたず》をのんで見守った。ところがこの時の講演テーマはなんと劇場と演劇に関するもので、政治的発言を期待してきた聴衆は少なからずがっかりした。当時の「アテネオ」は当然フランコ政府の管理・監督下にあり、オルテガはまだ発言の時期ではないと判断したからであろう。ただそれでも「スペインは戦乱の中から驚くべき、しかも不健康ともいえる状況で復活した」という微妙な表現を使って辛うじて心の内奥部を吐露した。マドリッドの新聞は早速この「スペインは不健康」という言葉尻をとらえて、オルテガは「新しいスペインを作るために帰還した」とでっちあげた。ファランヘ党機関紙「アリーバ」をはじめ右翼各紙はいうまでもなくオルテガを誹謗した。講演内容そのものは曖昧なものだったにせよ、昔からのオルテガ崇拝者やフランコ体制に疑念を持つ若い世代の人々にとって、この「アテネオ」演説がスペインの文化的復活、新生スペインの将来に明るい灯をともす重大なきっかけになったことは間違いない。

「フランコとは共存できない」

慎重な言動にもかかわらず、オルテガに対する政府当局からの風あたりは次第に厳しくなった。同時に彼のフランコに対する不満も徐々に増大する。一九四六年オルテガはある友人に宛てた手紙の中で「今の政府はそれに値しないし瀕死の状態だ」と書き送った。

オルテガはフランコについては、前にも述べたように、最初のうちは楽観的で時には好意的ですらあった。一九三六年の内戦勃発初期には、フランコ派ナショナリストの勝利を喜び歓迎した。息子のミゲルによれば、この頃パリにいたオルテガは内戦の進展状況をスペイン地図を広げて赤と青の線で描き、フランコ軍の動きに一喜一憂していたともいう。しかしだからといって彼は、フランコ派から友好的な扱いをうけることが出来るという確信はなかった。当時のスペインは、人民戦線派かフランコ派かの二者択一の時代であり、共和主義者として自由民主主義を奉ずるオルテガのような中間的立場はありえなかったのである。だからフランコが内戦に勝利した一九三九年、すぐにスペインに戻らずアルゼンチンへの亡命の旅を続けた理由は、帰国しても暖かく迎えられるという自信がなかったからに他なるまい。

いずれにしてもこの予感は現実のものとなりつつあった。帰国後のオルテガは、講演も文筆活動もフランコ政府の厳しい検閲を受けることになる。一九四七年オルテガは個人メモの中に「私はもはやフランコとは共存できない」と記し、「いま私はスペインにいるが実際には存在しない、私はもう何事にも参加したくない」と書いた。後年オルテガが死去したとき、アメリカの「タイム」誌は彼の追悼記事を掲載した（一九五五年一〇月三一日号）が、この中にこの言葉を引用している。そして一九五二年頃になると、フランコに対しては極度の幻滅感を公けにし、死ぬまでその気持ちは変わらなかった。

オルテガは内戦前まで、父親の代から続いてきた「テルトゥリア」をしばしば開いた。若い頃はこの場を通じて「九八年の世代」である先輩や同僚知識人たちと熱心に議論を交わしたものである。亡命から戻って早速この行事が復活した。メンバーはすっかり若返って息子のミゲルやホセが中心になっていた。とくに議題はきめず自由に話し合える点では昔と変わりなかった。

人文研究所の設立

一九四八年、オルテガはフリアン＝マリアスの援助により「人文研究所」(Instituto de Humanidades) をマドリッドに創設した。ただしフランコ政府は当時、オルテガが主催する研究所や団体を一切公認しなかったので、この研究所はマリアスが主催していた「アウラ＝ヌエバ（新教室）」を土台にしたものだった。ここでは、人文科学、つまり哲学、歴史、地理、文学、芸術、政治などのあらゆる分野にわたる研究が行われた。マリアス自身「内戦後の最も重要な文化現象」といっているように、この人文研究所は当時のスペインで最も知的レベルの高い教育研究機関だった。定期のコース以外に一般大衆向けのオープン＝レクチュアーや対談、座談会が開かれた。しかし残念なことに、この研究所は長続きせず二年後には閉鎖せざるをえなくなった。理由は三つあった。第一は資金難、第二はオルテガの病気、そして第三はフランコ政府筋や御用新聞からの悪意をこめた批判・中傷であった。

この頃からオルテガの健康状態は日ごとに悪化していった。加えてマドリッドでの公けな文化活動も出来なくなった。こうした悩みを持ちながらも彼は、残る六年間近く、ヨーロッパ諸外国からの執筆依頼や講演、受賞式出席など結構多忙な毎日を送った。一九五一年一〇月ドイツのミュンヘンに講演で招かれた際に、例えばミュンヘンのような外国の地に人文研究所を作りたいとの夢を明らかにした。この時スペインの友人に宛てた手紙の中で彼はこう書いている。

「この計画については、ほんの少数の人にしか話していないが、すばらしいことに、これを熱狂的に支持してくれる人々がいる。あの恥ずかしがり屋で複雑な性格のハイデッガー（一八八九〜一九七六）のような男が、わざわざ私のホテルまで来て、熱意をこめて私と仕事がしたいと申し出てきたことで分かるだろう。ハイゼンベルク（一九〇一〜七六）も同じ反応だった。このことは、世界で最も優れた人々が集まり、人文研究所で一緒に働くようなことを考えるのが夢ではないということだ。ここが全世界の知的生活の純粋なセンターになるということだ。……」

この夢は現実には叶えられなかった。しかしすでにその二年前にオルテガは、その生涯で最も栄光に満ちた知的体験をする。それはアメリカのコロラド州アスペンで行われたゲーテ生誕二〇〇年記念集会から公式招待を受けたことだった。

ゲーテ生誕二〇〇年祭への招待

米コロラド州の州都デンヴァーから小型機でロッキー山脈を越え西南に一時間ほど飛ぶと、小じんまりした美しい高原の町アスペンに着く。夏の保養地、冬はスキーなどウインター・スポーツのメッカとして、アメリカ人はもとより広く世界的に知られる人口四〇〇〇〜五〇〇〇人の小都市である。この町で一九四九年七月、文豪ゲーテの

講演するオルテガ　アメリカ、コロラド州アスペンでのゲーテ200年祭にて。右隣は通訳するソーントン＝ワイルダー。1949年

生誕二〇〇年を記念する式典と対話集会が催された。オルテガはこの記念集会に招聘された。彼にとってもちろん初めての米国訪問であった。主催者はウォルター＝ペプケというシカゴのコンテナー会社CCAの会長で、オルテガに式典でのメインスピーカーとなるよう依頼してきた。ペプケは日ごろ芸術文化のパトロンとして知られていたが、大戦後の世界、とくに西側世界の道義的、文化的復興を念願し、ビジネス界のリーダーたちと著名な思想家たちとの間の橋渡しをする仕事に情熱を燃やした大実業家である。オルテガがわざわざ名指しでこの記念式典の主役に選ばれた理由は、それまでの彼の学問的、文化的業績もさることながら、その卓越した教育理念とヨーロッパ統合思想の先駆者としての存在が、ペプケの目には「二〇世紀のゲーテ」として映ったからかもしれない。公式招待状と一緒に五〇〇〇ドルの旅費が送られてきた。

オルテガ以外にこの式典に招かれた学者、文化人はそうそうたる顔ぶれだった。アルベルト＝シュヴァイツァー（一八七五～一九六五）、E＝R＝クルティウス（一八八六～一九五六、ドイツの仏文学者）、ソーントン＝ワイルダー（一八九七～一九七五、米劇作家）、S＝スペンダー（一九〇九～　、英詩人）、G＝A＝ボルジェーゼ（一八八二～一九五二、イタリア系米批評家）……といった人々である。

記念集会は二週間続いた。オルテガは二回にわたって講演し、ワイルダーが同時通訳を買ってでた。最初の講演では、ゲーテが説いた「個人の完全な人間性達成という神聖な義務と健全な市民性」について述べ、それがヨーロッパ文化を実り豊かなものにしたが、現在のヨーロッパは危機に立っている、この救い難いペシミズムから立ち直るためのインスピレーションを必要としている、こうした精神的基礎の崩壊から正しく道を教示したのが「未来という公海に向かって敢然と船出した英雄的航海士」ゲーテであった、と強調した。数日後の二度目の講演では、人間性の未来についての不確定性に触れ、人間は未来を「持つ」のではなくて未来「そのもの」であり、ゲーテもこの点同じ考えだったと指摘する。オルテガは、一九三二年に『内面からみたゲーテ』を書いたことがあるが、アスペンでの講演はさらにこれを前向きに評価したものだった。この時のオルテガは、自由と理想主義とヒューマニズムに全身全霊を打ち込んでいたようだ。一昔前、プリモ＝デ＝リベラの独裁の出現をスペイン政治にとって「短くて鋭いショック」と是認していた頃や、フランコ反乱軍の動向に一喜一憂していた頃のオルテガでは全くなかったのである。

ゴッドファーザーとなったオルテガ　アスペンの聴衆や新聞の反応は絶大なものがあった。この対話集会を実質的に取り仕切ったシカゴ大学のロバート＝ハッチンス教授は、この会議は「人間の道義的責任と自由と尊厳」について世論を喚起することに狙いがあったと述べたが、この意味でも大成功だったと言えよう。さらに第二次大戦が終わってまだ間もない混沌としたこの時期に、医療伝導で世界的尊敬を受けていた聖哲シュヴァイツァーや、逆境の中で自由思想を守り通したオルテガらが一同に会するというこのユニークな集会を、マスコミが見逃す筈はなかった。アメリカの週刊「タイム」、「ニューズウィーク」両誌はアスペンに取材陣を送り込んで事こまかに報道した。これについて次のような後日エピソードがある。

米アーカンソー州に住むジョアン＝ハーランという主婦が、このアスペン集会から二年後のある日、男の子を生んだ。彼女はゲーテ記念祭のことを当時の週刊誌で読んで、スペインからはるばるやってきたオルテガのことを知っていた。よほどの感動を受けたのか、二年後男子を出産した直後にオルテガに直接手紙を書き、生まれたばかりの赤ん坊のゴッドファーザー（洗礼時の代父＝名づけ親）になってくれないかと頼んだ。オルテガはこの女性にこう返事した。「私が貴女の息子さんのゴッドファーザーになってお役に立てるのかどうか分かりませんが、お申し出には心から感動しましたのでお引き受けします。そうそう、幸せな小さいオルテガ＝ハーランにキスを！……」

ゲーテ記念祭出席後、オルテガは初めてニューヨークを訪問した。そしていったんスペインに戻ったのちの同年八月末、こんどはドイツのハンブルクで行われたゲーテ二〇〇年祭に出席した。オルテガは一九三四年の短期訪問を除けば、今回のドイツ訪問は若い留学時代からほぼ四〇年ぶりのことであった。ここでオルテガは、シュヴァイツァー及びトーマス＝マン（一八七五～一九五五）とともに演壇に立つのである（トーマス＝マンはこの時に有名な「ヨーロッパをドイツ化するのではなく、ドイツがヨーロッパ化されねばならない」という講演を行った）。ヨーロッパの中でもとくにドイツにはオルテガ-ファンが多かった。『大衆の反逆』をはじめこれまでの数々の著作はドイツ国内では大評判で版数が重ねられていた。中でも『愛についての研究』（Estudios sobre el amor）は最も人気を呼んだエッセーだった。ハンブルクでのオルテガの講演は、ヨーロッパの精神復興を訴えたものの、政治問題には一切触れなかった。大戦が終わって間もなく戦火の跡がまだ生々しく残っているドイツである。他国者が批判がましいことを言ってはならないという配慮があってか、オルテガはヒトラーやホロコースト（ユダヤ人虐殺）について一言も触れず、これにはドイツ人聴衆も驚いたようだ。

新生ヨーロッパの夢を語る

ハンブルクのゲーテ記念祭を終えたオルテガは、翌月の九月七日ベルリンの自由大学で超満員の学生たちを前にヨーロッパについての講演を行った。この講演内容は遺稿『ヨーロッパ論』（Meditación de Europa）として一九六〇年「西欧評論」社から出版されたが、スペイン思想界にあって国粋派に対抗するヨーロッパ派としてのオルテガの面目躍如たるヨーロッパ論である。オルテガはこの演説をドイツ語で行い西欧のコスモポリタン（世界市民）らしい風格を見せた（数年後ミュンヘン大学で行った講演もドイツ語でやり、当時一学生としてこの演説を聞いたあるドイツ人——筆者の友人——は、オルテガのドイツ語は少々スペイン訛りがあったが正確で堂々としていたと言っている）。

ベルリン演説でオルテガは、戦後ヨーロッパが、新たなしかし先が見えないまま変貌してゆくいわば生みの苦しみについて論じる一方、その中にも明るい再生の徴候が見えることを強調した。「われわれの胸を痛めるものは、最も素晴らしい最高に美しい生活が、歴史の中にあってその黄昏《たそがれ》を迎える事である。歴史の中でわれわれは、優れたものの廃墟を前にして歩む……」というヘーゲルの『歴史哲学講義』冒頭部分を引用し「廃墟はたしかに恐ろしいものだが、もし歴史が廃墟を持ち得ないとすれば、それこそもっと恐ろしいことだ。過去の建造物がすべて保存されていると想像するだけでもぞっとする。私はとくにドイツ人に対して、目を覆うばかりの大災難を前にして威厳と優雅さを失わず、その中にある真実を見究めるよう進言したい。何故なら生はしばしば敗北と呼ばれる顔を見せることがあるからだ……」と励ます。

シュペングラーは『西洋の没落』でヨーロッパの下降現象を歴史的宿命として予言したが、オルテガは自らを「ベスペルティニスタ（夕暮れ論者）」ではなく「マティナリスタ（夜明け論者）」であると認めながら、新ヨーロッパが灰の中から不死鳥のように復活すると考えた。そしてこのベルリン講演では、比較的歴史の新しい、若さと弾力性に満ちたドイツを賞賛するのだった。またオルテガはマドリッドの「人文研究所」で一九四八年から四九年にかけて行った連続講義『世界史の一解釈』（Una interpretación de la Historia Universal）の中でアーノルド=トインビーの『歴史の研究』（一九三四〜六一）を徹底的に批判するが、このベルリン講演でもトインビーの「国民」定義が単なる部族主義と民族主義との組み合わせだとしている点に触れて、激しく批判したことも注目された。

ハイデッガーとの出会い

ドイツ滞在中にオルテガは、友人のクルティウスから暖かい歓迎を受けた。そして彼の熱心な勧めにより、この後一九五一、五二、五三年の大部分、ドイツ各地での講演に出向いた。そして五一年、ダルムシュタット（フランクフルト-アム-マイン近郊）で開かれた「技術と建築に関するシンポジウム」に参加した時、ハイデッガーと出会うのである。言うまでもなくこの二人は二〇世紀思想を代表する宿命的ライバルとなる。この二人は、哲学の方法論や様式、とくに言語学的な意味での見解の相違（ハイデッガーが使う言辞は難解で有名）が目立つのだが、決定的な相違は、オルテガ自身が指摘しているように、思想家（もしくは哲学者）と著述家との違いであって、ハイデッガーは前者、オルテガは後者に属していたのである。

一方アスペンのゲーテ生誕記念二〇〇年祭の成功に気を良くしたアメリカの主催者たちは、オルテガに対して、この組織体を恒久的な研究機関にしたいと、助言を求めた。オルテガはマドリッドの「人文研究所」をモデルとするようアドバイスすると同時に、主催者ペプケ宛てに手紙を送り、高度の人文教育の基本原則として「スパルタ教育」と「エレガンス（優雅さ）教育」の実践を提言した。これを受けて一九四九年一二月三〇日、アスペンに「人文研究所」（Aspen Institute for Humanistic Studies）が創設された。この研究所はベルリンにも支部を持ち、今日なお米国内外から多くの知識人、文化人を招き、毎年、学術的なセミナーから音楽コンサート、スポーツと幅広い文化活動を続けている。

オルテガの墓　聖シドロ-カトリック墓地。ローサ夫人とともに埋葬されている。筆者撮影

「来年はヒナ菊を育てるよ……」

一九五四年の後半になって、オルテガの胃の痛みが激しくなった。この年一〇月に英国のトーキー（デヴォン州南部の海岸保養地）で開かれた経営研究所主催会議に招かれたが、この英国旅行はオルテガを退屈させたばかりでなく、彼の病気を一層悪化させる結果となった。翌五五年、イタリア、ドイツ、スイスを旅し、七月マドリッドに戻った時オルテガは西欧評論社事務所で、雑誌の将来について仲間たちと話し合っていた。「来年は私たちは……」と言いかけてかすかに顔をしかめた。そして「来年はヒナ菊を育てるよ」（地下に埋められているよ）とつぶやいたという。その夏をいつもの習慣どおりに北スペインのアストリアスで過ごしたが、病状は急速に悪化した。九月マドリッドに帰って医師の診断を受ける。切開したところ胃と肝臓に大きなガンを発見、それも内臓各部に転移していることが分かった。手遅れだった。再手術は行われなかった。

一九五五年一〇月一八日午前一一時二〇分、オルテガはモンテ＝エスキンサ通二八番地の自宅で息を引き取った。七二歳だった。死ぬ間際に「暗くなった」とつぶやいたという。枕もとにはローサ夫人の願いで教会の神父がかけつけた。しかしその時本人は意識が全くなかった。

一〇月二〇日、ホアキン＝ルイス＝ヒメネス教育相が、マドリッド大学の名でオルテガ追悼のミサを挙行した。カトリックの教義に疑問を抱き、終生背いてきたオルテガの心情を配慮して、息子たちと娘はこのミサに参列しなかった。オルテガは生前「テルトゥリアの場で死にたい」と周囲の人たちによく言っていたという。また死が近づいたある日、息子のミゲルに「共同墓地に埋めてもらいたいが、あそこは汚いね」と言ったともいう。しかし実際にはオルテガは、マドリッド市内を見下ろす高台、サン‐シドロのカトリック墓地に埋葬された。ここには今日彼とともに最愛のローサ夫人をはじめ、肉親たちが眠っている。

II　思想の主要テーマ

二〇世紀思想の新しい流れ

ここで、オルテガの思想についてその概略を以下に述べていきたい。

思想の三段階発展説

オルテガ哲学の主題は、「私は私と私の環境」である。主語となる最初の「私」とは、「生としての私」、つまり人間は誰しも個々人としての生に根ざす自分というものを持っており、そうした生を背景とした私という意味である。オルテガは、このような各人の「生」(vitalidad)は、この世に生きているという「基本的現実」(realidad radical)から出発しているのだと説く。分かりやすくいえば人にはそれぞれの人生があり、しかもそれを取り巻く「環境」(circumstancia)と切っても切れない関係にある。したがって、「私」も「環境」も、オルテガの言う「人間の生」としての「基本的現実」を意味するのである。だから「私は私と私の環境である」という命題は「生としての私は、自我である私とそれを取り巻く世界及び自然とが合体した総合的概念」と解釈してもよいだろう。

平易なようで極めて難解な表現だが、この考え方がオルテガの全思想体系を貫く心棒であり、二〇世紀の初めにこうした思想が出現したことは、デカルト以降の近代合理主義やカントの純粋理性、観念論に代表されてきたヨーロッパ思想の流れの中で革命的な意味を持つ。何故ならばそれまでに展開されてきた「理性」と「生」の相関関係、つまり「理性」が「生」を支配するのかそれとも「生」が「理性」に優先するのかという、いわば二者択一的な考え方を、「生」すなわち「理性」であると一元化しようとしたからである。そしてこれがオルテガの「生の理性」(la razón vital) 理念なのである。デカルトは有名な「われ思う、故にわれ在り」(Cogito ergo sum) の命題によって、一切を疑う過程を経て完全な知識に達しようとする主知主義的立場をとった。オルテガ自身の言葉によればデカルトは「哲学の歴史を古代・中世期と近代とに二分した巨大な万里の長城のような存在」であった。あえてこうした表現に倣えば、オルテガは、ニーチェ、ハイデッガーなどとともに二〇世紀思想の新しい流れをつくった分水嶺的な存在と言えるかもしれない。

フリアン＝マリアスとともにオルテガ研究で名高いホセ＝F＝モーラは、オルテガ思想の発展を次の三段階に区分する。

（a）「客観主義」の時代……一九〇二～一九一三
（b）「遠近法」の時代……一九一四～一九二三
（c）「生の理性」の時代……一九二四～一九五五

「客観主義」の時代

オルテガがマドリッド大学を卒業し、ドイツ各地での留学をすべて終わって帰国するまでの一一年間にあたる。学生時代から、ウナムノら「一八九八年の世代」の影響を強く受けてきたオルテガは、激動するスペイン内外の情勢に自らどのように対応すべきか、言い換えればこうした「環境」を知的立場でどうとらえるべきかに強烈に目覚める。そしてその方法論を模索しながらドイツでジンメルやコーエン、ナトルプらの門を叩き、カント哲学へ足を踏み入れたのだった。改めて言うまでもなくカントは、独断的主知主義から抜け出て合理論と経験論を総合し、純粋理性、実践理性、判断力の三大理性批判哲学を一八世紀末に樹立した理性主義の巨人である。

当時スペイン国内の多様化する価値観の中で、「理性の力」と「人間の完全性」を信じようとするクラウゼ主義（二八頁参照）と、一方で「政治とは基本的に文化現象であって完全に理性的なものではない」との非理性主義的立場をとる「八九年の世代」とのはざまにあって苦悩していたのが、実はオルテガであった。かたや理性主義と客観主義、かたや文化主義と国粋主義……彼は、自分がこの二つの思想モードの合流点にあることに気づいていた。オルテガが師と仰ぎ、尊敬した「八九年の世代」の代表的人物ウナムノは「ヘーゲルの、理性的なものはすべて現実的であり、現実的なものはすべて理性的である、という有名な言葉があるが、われわれの中には、現実的、真に現実的なものは非理性的で、理性は非理性的なものの上に築かれると信ずるものが大勢いる。スペインの政治問題は決して完全に理性的なものではなく、理性的な分析は出来ない」とまで断言していたのである（エピソードとして、スペイン自体のアイデンティティにこだわっていたウナムノは、スペインのヨーロッパ化を主張する「ヨーロッパ派」を「愚か者」と評したことがある。これに関してオルテガは、自分はまさにその「愚か者」の一人だと開き直り、これがきっかけとなって二人の仲はこじれる。一九一四年ウナムノが大学教授のポストを追われた時、オルテガはさすがにウナムノを擁護し親切な言葉を交わしたが、ウナムノに対する初期のような信頼感、尊敬の念はその後薄らいでしまったという)。

オルテガはドイツ留学で、とくに新カント派の牙城ともいえるマールブルクで、当然のことだが客観主義・実証主義の洗礼を受けることになる。しかしカント哲学の流れをそのまま素直に汲む方向には向かわなかった。フリアン＝マリアスは、この時期は客観主義の時代というよりも、オルテガにとってはまだ未完成だった将来の哲学の萌芽を示した時代というべきだとの見解をとっている。つまりこの時代に、現象学、環境論、芸術論という三分野からの研究をした結果、のちに彼の生の哲学の根幹をなす「基本的実在としての生」の理念が生まれるのだというのである。そしてドイツ留学後に書いた『ルナン』（一九〇九）や『天国のアダム』（一九一〇）を例証しながら、オルテガがカント哲学を「乗り越えつつあった」状況を指摘している（二三頁参照）。

「遠近法」の時代

第一次世界大戦が始まり、戦後の混乱のあげくプリモ＝デ＝リベラ軍事独裁にいたる政治・社会状況の大転換期である。そしてこの時期に先述したオルテガの命題「私は私と私の環境である」が編み出され、定着するのである。そしてこの思想を体系的というよりはむしろ断片的にしかもエッセー風に書いたのが『ドン＝キホーテに関する省察』（一九一四）であった。オルテガは幼少時から愛読した小説『ラ＝マンチャのドン＝キホーテ』を、長じても座右から放そうとしなかったという。ラ＝マンチャの平原にたたずむドン＝キホーテのひょろ長い姿に、理想のためには死をも辞さない永遠の純粋さと現実世界の醜悪さとの矛盾、幻滅を感じとっていたからに違いない。「ドン＝キホーテは近代の苦悩にさいなまされた一キリスト、自己の純真と自己の意志を失って、他の新しい純真と意志を探し求めてさまよう悲痛なイマジネーションが創造した、われらの町の滑稽な一キリストだ」とオルテガ自身この『省察』の中で述べている。そしてこのキホーテをとりあげながら、オルテガ独自の認識論である「遠近法」（パースペクティヴ）を明らかにする。

「この世の決定的な存在物は物質でも精神でもなく、一つのパースペクティヴである。そして神はパースペクティヴであるとともに秩序体系であり、悪魔の罪はパースペクティヴの誤りである」（『省察』序文）。パースペクティヴとは、先にエル－エスコリアルの森についての記述で触れたように、前景から背景までの見る人の視点によって様々に異なる景色を遠近法によって何倍にも増加させ、それらの景色のランク一つ一つに対してわれわれが正確に対応することによって完成される認識方法である。オルテガはさらに言う。「われわれは、われわれの環境がこの世界の広大なパースペクティヴの中に占める適切な場所を探し出さねばならない。環境を再吸収することが人間の具体的な宿命なのだ。……」そして「私は私と私の環境である。もし私がこの環境を救わなければ私自身を救うことは出来ない」と断ずる。この遠近法については、後年の『現代の課題』（一九二三）でさらに体系的かつ理論的に論述し、「生の理性」論がまとめられるのである。

このオルテガ独自の哲学が、移り変わる世相に対応して、より具体的に、より実践的に適応される時代である。そしてオルテガが死去するまでのこの二十余年間のスペインは文字通り内外多難の激動の時代だった。プリモ＝デ＝リベラの軍事独裁政権、アナーキストら左派の台頭、カタルーニャなど地域分立主義の先鋭化、第二共和制の誕生、そして人民戦線内閣の成立を経てフランコらによる内戦が勃発、スペインは長期的な右翼全体主義体制に入ったのだった。

このように左右に激しく揺れ動く政治・社会情勢の中で、オルテガはマドリッド大学教授のポストを追われ、ヨーロッパ近隣諸国から南米への亡命生活を余儀なくされる。じっくりと書斎でものを考える余裕は物心ともになかったといえる。しかしこの間オルテガは、講演や新聞・雑誌への寄稿という場を通して、学者としてまたジャーナリストとして書きまくった。『ミラボー、即ち政治家』、『カント論』、『大衆の反逆』、『哲学とは何か』、『大学の使命』、『ガリレオをめぐって』、『司書の使命』、『体系としての歴史』、『愛についての研究』、『危機の図式』、『ベラスケス入門』、『歴史的理性』などはいずれもこの時代の著述もしくは連続講義である。

「生の理性」の時代

内戦が収まり、第二次世界大戦が終わってようやく帰国したオルテガは、前章で述べたように病に冒され、思い通りの活動は出来なかった。しかし彼はこの時期に『ベラスケス入門』や『歴史的理性』を完成するほか、『世界史の一解釈』や『人と人々』という晩年の大著をものにした。「生の理性」哲学と「歴史主義」を統合し、「私は私と私の環境」論を完成し、体系化したのである。

広範囲にわたる思考対象

以上のようにオルテガ思想は、彼の基本的哲学理念「生の理性」に基づいて、独自の政治哲学から社会危機論、古代ギリシャやローマにさかのぼるヨーロッパ文明論と歴史観、スペイン文化論、さらには文学論からゴヤ、ベラスケスを論じた芸術論などなど、その思考範囲は驚くほど広い。さらにその著述形式は、彼自身がスペイン語の伝統を何よりも重視したところから、好んで美しい散文調のエッセー式文体が主となっている。彼はまたメタファー（比喩表現）やアフォリズム（金言・警句）の天才的な使い手でもあって、古今東西の格言、俚言《りげん》を縦横に駆使する。その博識ぶりにはただ驚嘆するほかはない。しかもオルテガの著作には最初から独立した本として出版されたものが少ない。大半は大学での連続講義や講演のテキスト、あるいはまず新聞か雑誌に掲載され、それがのちになって（場合によっては死後に）本にまとめられたものだ。

さらにこれらの著作の多くは、一冊々々が必ずしもテーマ別、体系的に論じられているとは限らない。例えば哲学論議のさなかに古代史や物理学が入り込んだり、環境を論じていながら古代ヨーロッパ論や芸術論が展開されるなど、あらゆるテーマが相互に関連しながら縦横に取り上げられ、総合的な思想の形成へ導く手法をとっている。このため彼の著作を思想テーマ別に分類・整理することは至難である。しかし、ここであえて彼の主要著作をテーマ別に分類・整理してみると次のようになろう。

1　スペイン論＝『ドン＝キホーテに関する省察』（一九一四）、『無脊椎のスペイン』（一九二一）、

『ベラスケス入門』(一九五九、遺稿)

2 ヨーロッパ文明論=『大衆の反逆』(一九三〇)、『体系としての歴史』(一九四一)、『危機の図式』(一九四二)、『世界史の一解釈』(一九六〇、遺稿)、『ヨーロッパ論』(一九六〇、遺稿)

3 社会思想=『芸術の非人間化』(一九二五)、『大衆の反逆』、『大学の使命』(一九三〇)、『人と人々=個人と社会』(一九五七、遺稿)

4 政治思想=『古くて新しい政治』(一九一四、講演)、『観察者』(一九一六~三四、全8巻)、『ミラボー、即ち政治家』(一九二七)、『大衆の反逆』、『平和主義について』その他初期の新聞寄稿記事多数

5 芸術論=『芸術の非人間化』、『ゴヤ論』(一九五八、遺稿)、『ベラスケス入門』、『愛について』(一九四一)

6 哲学思想=『現代の課題』(一九二三)、『ガリレオをめぐって』(一九三三)、『哲学とは何か』(一九五八、遺稿)、『ライプニッツの原理の観念』(一九五八、遺稿)、『人と人々=個人と社会』

さらにまたオルテガの著作には、彼独自の特別な意味をもつ用語がしばしば登場する。オルテガ思想を理解する上のいわばキーワードでもある。例えば、「環境」、「生」、「遠近法」、「周縁性」、「正当性」、「世代」、「慣習」、「自己沈潜と自己改変」、「生の理性」、「超民主主義」、「歴史的理性」……といったような言葉が挙げられる。

これらの用語を念頭に置きながら、以下にオルテガ思想という巨大な森の探索を試みてみること

にしよう。

木々が森を見せない

オルテガが「私は私と私の環境である」という言葉を最初に公けにしたのは、前に述べたように初期の大作『ドン＝キホーテに関する省察』（以下は『省察』と略）の中でだった。そしてこの理念を生みだす独自の思考方法「遠近法」（パースペクティヴ）も、この書で初めて本格的に紹介されている。この「遠近法」こそオルテガ思想のすべてを理解する上で最も重要なカギとなる認識論なので、『省察』で述べられている内容を中心にその意味するところを探ってみることにしよう。

事物の表と裏

オルテガはまず「木々が森を見るのをさまたげる」というゲルマンの諺を紹介する。森の中に足を踏み入れると、周囲に何十本もの木が見える。しかし先へ進んで行くと、それまで見えていた木々とは別の木々に代わっている。これらの木々は、その時々に「自分に見える」木々に過ぎないのであって、森全体を見ているわけではない。見えているのは一連の木々の断片であって、本当の森は自分には見えない木々すべてを含むのだから、自分がいま立っている場所からは決して見えない。森は何時もわれわれのいる場所からちょっとばかり先の方にある。「森はわれわれの目から逃げてゆくのだ……森は奥へ奥へと入り込むことのできる一筋の小道」なのである。

日本の諺にも「木を見て森を見ず」（小事にこだわって大局を見逃す）という表現があるが、オルテガの言おうとした意味は少々違う。「目に見える木々の役目は、残りの木々を目から隠れたものにすることである。そして目に見える景色が他の目に見えない景色を隠しているのだ、ということをわれわれが完全に悟るとき、はじめてわれわれは森の中にいることを感じとる」のである。こうしてオルテガは森が持つ多様性を指摘しながら、この世の中に内在する様々な運命もまた、森と同様に深さを持った多様性があり、いずれもが同等に尊重されるべきものだとする。

事物には表面だけがはっきりと見える表層的なものと、表面の下に身を隠している深層的なものとがある。われわれが見たり触ったりする物体には、その深さ、奥行きを構成する第三次元がある。しかし人はこの第三次元を見ることも触ることも出来ない。その物体の表面には、内側に何かがあるという暗示を見せるが、この内側というものは決して外側には出てこない。仮に表層を切断しても、どれほど薄く切断しても、切断面は必ず何程かの厚さ、深さを持ち続ける。オルテガはここで一つのメタファー（比喩）として、一個のオレンジの話を取り上げる。オレンジは球体であり、したがって表と裏がある。人はこのオレンジの表と裏とを同時に見ることができるだろうか。われわれの見るオレンジは、その一部分でありこの果物全体を見ているわけではない。オレンジという球体の大部分は、われわれの視線から隠れているのだ、と説く。言い換えれば事物は自己を顕現する様々な方法を持っている。「目に見えるものだけが明白なものではない。ある物体の第三次元は、他の二つの次元と同じ明澄性を持っている」というのだ。

鳥の声と川のせせらぎ

以上は目に見える事柄、つまり視覚的な例証だが、オルテガはさらに音色、つまり聴覚的な事例も引き合いに出している。小川のほとりで一羽のよしきりが鳴いている。足元を流れる水は小石にぶつかってせせらぎの音を立てている。よしきりのさえずりと、小川のせせらぎ以外にも様々なざわめきの音がある。よしきりと小川、その一方に耳をそばだたせると、他方の音がうすれる。「この二組の相異なった音響的性質は、わたしにそれらを区別するようそそのかし、それぞれに異なる空間的性質を付与させる……つまり一方の音が遠くにあるのではなく、わたしがその音を遠ざけるのである。」森の中の木々に視覚的距離が生まれるのと同様に、小鳥の声と水の音との間に距離が出来る。そしてそれを作り出すのは自分である。「背景の深さというものは、すべて私の協力のおかげで存在するのであり、私の精神が、ある感覚と他の感覚との間に設定する諸関係の構造から生じるのである。」

われわれが目と耳を働かせばその存在がわかるもの、つまり表層的な世界をオルテガは「顕在的世界」と呼び、深層世界を「潜在的世界」と名づける。さらに深層世界には様々な印象の仕組みによって構成される「背後世界」があると指摘する。同じ一つの事物が見える場合に「受動的に」見える場合と、これとは別に「能動的に」

エル-エスコリアルの修道院を散策するオルテガ
1915年

見える場合とがある。後者は目で見ながら解釈し解釈しながら見るという方法で、これが「観察する」ことだ。

プラトンはこれを「イデア」と名づけた。オレンジの第三次元はまさにこの「イデア」なのだという。ここに一つのあせた青い色を見るとする。「われわれはその青い色が、かつてはもっと濃いほかの青い色であったとして見ている。現在のその色を過去の色とともに、つまりかつてそうであった色を通して観察する。こういう見方は鏡などにない能動的な視覚でありこれが『イデア』なのである。」そしてある色がさめたりぼやけたりするということは、その色に発生した新しい、仮象的な性質のものである。「われわれは一つの色を見て、瞬間的にその色とその色の歴史を、すなわちその色が輝いていた時期と現在の崩壊を見出す。われわれの内面において、何ものかがそのような凋落《ちょうらく》と衰退の運動を、一瞬の間に繰り返すのだ。われわれがあるあせた色を見るとき心の中に悲哀のようなものを感じるのはそのためだ。」

このように事物には、空間的なものであれ時間的なものであれ、あるいは視覚的なものであれ聴覚的なものであれ、その深さの次元の中からつねに表面に「自己」の姿が現れる。だから表面には厳密な意味で二つの価値がある。一つは表面をそのまま具象的にとらえる価値で、もう一つはこの表面を仮象的な「第二の生命」の中に見る価値である。後者、つまり仮象的価値は、表面は表面でありながらも、深さの方向へ拡大してゆく。オルテガはこれを「遠近法」と呼んでいるのである。

オルテガは以上、『省察』の中で明らかにした「遠近法」を、九年後の一九二三年に発表した

『現代の課題』の中でさらに詳しく論じている。複雑な理論なので、まず分かりやすくするため彼の有名なメタファーの一つ「ふるい（篩）」の理論を紹介してみよう。

「川の流れの中に網とかふるい（篩）とかが張られると、それはあるものは通すが他のものは引きとめる。この場合、その網やふるい（篩）は物を選択している。しかし物の形をゆがめているわけではない。自己の周囲世界の実在に臨む主観の、生きた存在者である主観の働きは、まさにそのようなものである。この主観は、実在が無造作に自己を通過するのを許さない。またこの主観は、虚妄の実在を偽造したりもしない。主観の機能は明らかに選択的である。」

つまり受け入れ装置（ふるい）である個人は、川の流れの中の無数の要素の中から、網の目の合った若干のものは受け入れるが、その他のものは全く気がつかないまま流れにまかせてしまう、という訳である。

ふるいの理論

実はこの理論はオルテガにとって極めて重要な認識論の根底を成している。オルテガが批判の対象としていた「理性主義」者および「相対主義」者たちの認識論に対する重要な反論部分だからである。オルテガは言う、「認識とは真理を獲得することである。真理の獲得によって実在の超越的（超主観的）宇宙がわれわれに明らかになる。ところで真理は唯一であり、不変である。では真理が主観の中へ入ってくるということは、どのように可能なのか？　理性主義の解答は偏狭であり独断であろう。認識は、実在が微塵《みじん》も歪曲されずに主観の中に入れるときにのみ可能である、と理性主義は言う。そうであるなら、主観は何らの独自性も色合いもない透明な媒体でなければならない。昨日も今日も明日も同じ主観でなければならない。つまり主観は超生命的であり、超歴史的でなければなるまい。しかし、生は独自性であり、変化であり展開である……要するに生は歴史なのだ。」

「相対主義の答えも同様に偏狭である。これは認識は不可能だと言う。相対主義によれば、超越的実在などというものはどこにも存在しない。何故ならあらゆる現実的主観は、それ独特の形をもった境内のようなものであって、その中へ実在が入るためには、その構造を変形しなければならないからだ。またその個別的変形物を各主観が実在であると思ってもそれはそう自称しているに過ぎない、という。」

オルテガはこうした二種類の見解に対して、認識主観は、透明な媒体や純粋自我でもなければ、実在の歪曲でもない、第三の見解、すなわち両見解を完全に総合したものだ、と強調する。「ふるいの理論」はまさにその論拠とする比喩なのである。しかもオルテガはその認識過程では、視覚と聴覚という生理学的なメカニズムを重視する。つまり人間の視覚も聴覚も、最大限から最小限までの一定の範囲内でしか働かず、その枠外にある色彩や音響は、われわれには認知されない。真理の場合も同様で、個々人の心の構造は、ある真理の理解はできても、他の真理は理解できないという知覚器官になっているのだという。同じように各民族も、各時代もそれぞれ独特の心、すなわち一定の広さと形の網目で作られた網を持っていて、ある真理とは深い親和性を示すが、他の真理とは全く同化できない。

「純粋理性は生きた理性に席を譲るべし」

異なった視点から、二人の人間が同じ風景を眺めることはできる。しかしこの二人が見るものは同じではない。彼らの位置が違っているため、風景は彼らの目には二つの相違した構成で映る。こちらでは前景を占め、その細部にわたってはっきり見せている部分が、あちらでは後方に置かれてはっきり映らない。しかも一方の物が他方の物の背後に置かれ、全体あるいは部分的に隠れてしまうので、この二人はそれぞれ他者が見られない部分を見ることになる。もしそれぞれが、他者の見る風景は間違っていると主張して、果たして意味があるだろうか。どちらの風景も同じ様に実在するものである。またもし両者が見た風景は、二つとも幻覚だったと言ったところで、同様に無意味である。両者の間に第三の真正な風景などは存在しないし存在できないのだ。そこでオルテガは言う、「宇宙の実在は一定のパースペクティヴの下にのみ見られ得るような性質のものである。パースペクティヴは実在の構成分子の一つである。それは実在を歪曲するものではなく、実在を編成する要素である。どの視点から見ても常に同一の像になるような実在は不条理な概念である。」

ある物の実在は、それが見られる視点がどこにあるかとは無関係に、それ自体が独自にそこにあるのだ、とする考え方が昔からあったが、それは誤りだとオルテガは断定する。実在は風景のように、すべてが同等に真実で同等に無限のパースペクティヴである。唯一無二であると称するようなものは、虚偽のパースペクティヴである。「いかなる場所からも見られないユートピア、場所づけられない真理は虚偽である。ユートピアン（夢想家）は最も誤ったものである。」……これこそがオルテガが一番言いたかったポイントであろう。これまでの哲学はいつもユートピアだった。あらゆる時代、すべての人間に妥当する、不易不変の絶対的真理があるのだと自負してきたが、いまや「純粋理性は生きた理性にその席を譲らねばならない。生の理性の中に純粋理性は位置づけられ、可動性と自己変化の力を獲得するのだ。」これがオルテガの「生の理性」哲学の原点である。

相対主義と理性主義への批判

前項で「遠近法」に関連して、オルテガが批判の対象としていた「相対主義」と「理性主義」について触れた。この二概念をオルテガはどのようにとらえていたのだろうか？『現代の課題』で、彼は次のように論述している。

まず相対主義について。

相対主義は懐疑主義

「真理」というものは、事物の本来それであるべきものを的確に映し出すものであるなら、一つであり不変のものであらねばならない。ところが人間は、その生の多様な展開において、つまり歴史において、たえず意見を変更してきた。そしてその時どきに採用した意見を「真理」であると信じてきた。それならその変化をどう調整し、多様な意見を一元化できるのか。個人間で、種族間で、また時代々々で様々に変化している人間の生の中に唯一・絶対不変の真理というものがどうやって入り込めるのか。「人は各人それぞれ多少なりとも永続的な、その人自身の確信を持っているが、それはその人にとってだけの真理なのである。つまり真理そのものというようなものは存在しない。あるのはただ、それぞれの主観の条件に相対的な諸真理だけである。これがすなわち『相対主義』の理説だ」とオルテガは言う。こうした認識に立ってオルテガは相対主義を次のように批判する。

それなら人は真理を放棄できるのか？　答えは二つの理由によってノーである。第一に、真理が存在しないのなら、われわれは相対主義そのものを本気で認めることが出来ない。第二に、真理に対する信念は、人間の生に深く根づいている事実（根本的実在）である。この根本的信念を切り捨てるならば、われわれの生は幻想的な不条理なものになってしまう。真理を否定すること自体が意味のない、価値のないものとなる。とどのつまり、相対主義は懐疑主義となる。しかも懐疑主義の懐疑主義たる所以は、あらゆる理論に異論を唱えることにあるのだから、これは一種の「自殺理論」である。……

以上の相対主義に関連してオルテガの念頭にあったものは、当時のスペイン社会に流行していた「あらゆることに拘束されない、無制限の独立性尊重気運」への批判であったと考えられる。これはオルテガが最も忌避した「秩序の破壊」を意味し、これがのちの『大衆の反逆』理論を支える思想的根拠になったと考えることも出来る。

理性主義は反歴史的

ルネサンス以降、ヨーロッパ人の精神には、相対主義とは全く反対の傾向、つまり「理性主義」（合理主義）の傾向が深く根を下ろしている。理性主義は相対主義とは逆の方法をとる。つまり「真理」を救うために「生」を捨てるのである。真理は唯一・絶対不変である。したがって移り気な、堕落しやすいわれわれの個体としての人格には「真理」は帰属できない。だから人は、ヨーロッパ、アジアなどすべての国の人々、さらにギリシャから今日にいたるあらゆる時代を超越した共通の、抽象的な意識を考え出さねばならない。人間の多様性や特殊性に関わりのない、こうした人間共通の根底にあるものを、デカルトは「理性」と呼び、カントは「理性的存在」と呼んだ。これが理性主義の原点である。理性の立場からすれば、常に変転する歴史のようなものは、全く意味のないものである。理性主義にとって「歴史とはまさしく理性の出現を妨げる障害物の歴史であり、理性主義は反歴史的である。近代理性主義の祖デカルトの体系の中では、歴史はその場所を持たない、というよりもむしろ追放されている」とオルテガは言う。

そしてオルテガの理性主義と相対主義に対する批判は結論的に次のようになる。

「歴史や人間的な生は、数学の教科書のように原理によって支配されることは出来ないし、また支配されるべきでもない。理性を守って生を滅ぼす合理主義的絶対主義も、生を守って理性を捨てる相対主義も、ともにあるべきことではない。今日始まりつつある時代の感性は、このジレンマを回避するところにその特徴がある。われわれはこの二領域のいずれにも満足して安住するわけにはいかないのである。」

「生なき文化は存在しない」

さてそれならば、オルテガにとっての「真理」とは何なのか。

相対主義と理性主義は、思考の原点としての「真理」ばかりでなく、倫理にも法律にもまた芸術や宗教の分野にもある。「文化」という言葉で代表される精神領域全般の中にあ

オルテガのスケッチ肖像画
1926年

る。例えば理性主義に基づけば、「善」とか「正義」に唯一・不変の真理がなければならないことになる。そういったことが有り得るのだろうか。逆に、ある時代、ある人種に対してだけにしか通用しないような「正義」が、本来の正義だろうか。

「有機的個体としての私の中に、私の思考の存在根拠とその正当性がある。つまり私の思考は私の生のための一つの道具であり、私の生の器官であって、生によって規制され統御されている。……有機的個体あるいは人間的生によって統合された現象の総体は、生自体から脱出して生にあらざるもの、生の彼岸にあるものに関与するという超越的次元を含んでいる。生を超えるものの支配に従うという前提で、主観的な諸法則を遂行する生機能、生命的である限り有機体内部の主観的事実である生の諸機能、これが文化である。」

文化は生物における消化作用や移動現象と同様に、ある生物学的活動にその根拠がある。理性主義の「理性」は、多くの生機能とは無関係であるかのような、また他の有機的規制と同じ規制に従うものではないというふりをするが、そのような理性は存在しない。「ばかげた虚構の抽象」だとオルテガは主張する。「生なき文化は存在しない。生命性なき精神性は存在しない。」文化とは厳密な意味での生であり、自発性であり、主観性である。文化が生き続けられるのは、主観から不断の生命の流れを受け続けている間だけである。

文化と生の相関性、これこそがオルテガの「生の理性」哲学の核心である。

生を原理にまで高める努力

このようにして、生の立場から世界の秩序を探求することが、現代の課題であり、現在の諸世代の使命である、とオルテガは訴える。そしてこれまで人間は、宗教のため、科学のため、道徳のため、あるいは経済や芸術、享楽的幻想のためにさえ生きてきた。しかし生のために生きるということを考えてきたことはなかった、少なくとも意識してはこなかった。これからは、従来、裸の事実に過ぎなかった生、いわば宇宙の偶然事に過ぎなかった生を、「原理」にまで高める努力をしようではないか、と呼びかけるのである。

もっとも原理にまで高めるためには、どの実在物でもその実在のうちにすぐれた「価値」が認められねばならない。その実在が他のものよりも価値があるから上位に置こうとするのである。また実在物は、それを構成する現実的な要素のほかに、その価値を決める非現実的な要素がある。つまり「評価」という要素である。価値と評価は違う。「事物に宿る諸価値は非現実的なものである。例えばキャンバスに描かれた絵画の線や色、形は眼に見られるが、その美は眼には見られない。その美は感ぜられ、評価されるのである。視覚が色彩に対してあり、聴覚が音に対してあるように、評価は価値に対してある。」つまり、いかなる対象物も二重の存在物を持っている。一面ではわれわれが知覚出来る現実的性質からなる構造物であり、他面ではわれわれの評価によってのみ見られ得る価値からなる構造物である。だから、ちょうどわれわれの日頃の諸経験の中で、昨日は眼に映らなかった面や細部を今日になって発見することがままあるように、価値の評価は変化する。知覚的経験と評価的経験は、こうして相互に独立して進む。エル＝グレコの絵画が二世紀以上もの長いあいだ法廷や教会の壁に無造作にかけられていたにも拘らず、その独自の価値が発見されたのは一九世紀の後半になってからだった。それまで欠点と思われていたものが、突如最高の美として評価されることが十分ありうるのだ、とオルテガはいうのである。こうした思考方法は、オルテガ思想の特徴である。表層世界から深層世界へ、顕在的世界から潜在的世界へ、さらに背後世界へと思考を透徹させてゆく方法、つまり「遠近法」パースペクティヴに通ずる考え方である。

キリスト教的な生と仏教的な生

ところで論点を生の評価についてに戻そう。オルテガはこの点に関して、アジア的な生と、キリスト教的あるいはヨーロッパ的な生について、明確な対比を試みる。まずアジア的な生は仏教にその頂点を見出すと考える。アジアの魂は、仏陀にとっての生、つまり渇望である。しかし飽くことを知らない渇望の奔流は悪である。これに対する合理的な態度は渇望を否定することであり、ここに輪廻《りんね》の思想が生まれると見る。例えばヨーロッパ人は幸福を生の充実、最大の生と考えるが、インド人にとって生の最大の願いは、生を捨てること、生から自己を消すこと、無限の空の中へ入り込むこと、自我意識を捨てること、すなわち涅槃《ねはん》である。仏教はそれに達する術を教えるもので、釈迦《しゃか》はその道の師であり「ニヒル（虚無）への大道の案内人だ」と説明する。

一方キリスト教徒は、地上の生存に対する評価的態度よりも、まず最初にあらゆる完全性の中心である至高の実在、神的本質の啓示から考える。キリスト教徒にとって、世界はまずもって無差別の存在で、人間にとって価値ある唯一のことは神を所有すること、この生を越える彼方の生、「別の生」においてのみ達することが出来る至福に入ることだ、という。したがってキリスト教徒にとって、生存の価値は生存の外部にある、生存そのものにではなく生存の彼方にある。生を生そのもののために生きる代わりに、生を死のための準備訓練、不断の練習としなければならない。「死のときに真の生が始まる」のである。

そしてこの練習がキリスト教の言う苦行であり、禁欲の規律である。中世のゲルマン人の封建領主たちは、その若々しい体内には、檻の中の猛獣のように、野生的な本能が荒れ狂っていた。熊や鹿や猪などの肉を常食としていたからで、彼らは、毎月体内の血を抜く必要があった。そうしないと肉体が生理的に破裂するからである。こうした放血という衛生的処置のことを「ミヌティオ（減少）」と言った。「キリスト教は、いわばゲルマン人が野生林から持ってきた動物力の過剰に対するミヌティオであった」わけだ。

しかし近代の理性と科学は、キリスト教が墓の向こう側に建てた天上界を次第に打ち壊し、一八世紀中ごろには、神々しい彼岸の世界はうすれ、此岸の世界だけが人間に残された。いよいよ生の価値の時代に入ったかに見えたが、事実はそのように経過していない。最近二世紀の思想は、たしかに反キリスト教的ではあったが、生に関しては、いまだにキリスト教の時代とその見方は変わっていない。それなら近代人にとって重要な価値とは何であったのか。それは、科学、道徳、芸術、法律……など「文化」と呼ばれるものだという。文化とは生の活動である。しかしオルテガによれば、これら近代文化主義は生を蔑視しており、生を文化の道具としてしか見ない。実証主義の最高価値として崇拝された文化、この意味での文化主義は「神なきキリスト教」に他ならないとする。そしてドイツを中心とした「文化哲学」批判が展開される。すなわち、一九世紀のドイツ人は文化主義的であった。「カントから一九〇〇年までの高級なドイツの全思想は、文化の哲学の名のもとに包括できる。ほんの少しその中に入ってみるだけで、われわれはそこに中世神学と形式的に似通ったものを感じる。若干の名称の書き換えがあっただけだ。古代のキリスト教の思想家が神と言ったものを、近代のドイツ人は『理念』(ヘーゲル)とか『実践理性の優位』(カント、フィヒテ)とかあるいは『文化』(コーエン、ヴィンデルバント、リッケルト)とか言っているのだ」と指摘する。そして生の意義を生の外に求めるようなことはせず、生そのものを凝視しようではないか。古くから言われている主張「文化のための生」を新しい主張「生のための文化」へ変えてゆくことこそ、近代史の最も根本的な危機に当面している世代にふさわしい課題ではないか、と主張するのであった。

ドン=キホーテとドン=ファン

スペインを代表する対照的な人物

ドン=キホーテとドン=ファン。言うまでもなく二人とも実在の人物ではない。一人はメセタ（中央台地）のラ-マンチャ地方、荒涼たる平原に立つ狂気の中年男、もう一人は陽光ふり注ぐ南スペイン、アンダルシア地方のセビリャ生まれで生来の巧色伊達男。スペインをいわば代表するこの創作上の二人物ほど、見事な対照を成す存在はあるまい。

文学作品としてのドン=キホーテが論じられる場合、この人物像はシェークスピアのハムレットと対比されるのが常だ。ロシアの文豪ツルゲーネフ（一八一八〜八三）の『ハムレットとドン=キホーテ』（岩波文庫、河野與一・柴田治三郎訳）がその代表例で、懐疑主義、無信仰、エゴイストのハムレットと、永久不変・真実なものへの絶対的信仰、自己犠牲者のドン=キホーテを、人間性の両極に置いて比較する。人の性格分析をする場合、「ハムレット型」か「ドン=キホーテ型」かを基準にするほどである。

ところでオルテガは、その処女大作である文明思想エッセー『ドン=キホーテに関する省察』にドン=キホーテを登場させ、ものの一面的見方への警鐘、過度の合理主義に対する批判を試みながら、オルテガ独自の思想、すなわち基本的実在としての「生」に関する理念、「環境」理論、「遠近法」認識などを展開しようとした。その一方、スペイン国内で忘れかけられ、むしろ諸外国で文学やオペラの題材になっているドン＝ファアンに再び注目して再評価し、スペインの民族的自信を取り戻そうとの意図から後年「エル－ソル」紙上に寄稿したのが『ドン＝ファアン入門』(Introducción a un "Don Juan" 一九二一）であった。

オルテガは母国スペインについて、とくに彼の時代から遡る三世紀余に及んだ「老衰化したスペイン」について、冷徹な反省と厳しい批判を投げ続けた。しかし彼ほどまたスペインを愛した人間もいまい。オルテガは『省察』を書いた動機として「読者はこのエッセーの隅々にまで、脈々たる憂国の情を感じとるだろう。これらの試論は老衰した古いスペインの否定から出発しているが、もう一つのスペイン、新しい肯定を目指したものだ」と、その序文「読者よ」の中ではっきり述べている。

「ドン＝キホーテ物語」の筋書きは、改めて紹介するまでもないほど有名ではあるが、『省察』を理解するために、この物語の大筋を垣間見てみよう。

ドン＝キホーテの作者はスペイン文学の巨星ミゲル＝デ＝セルバンテス＝サベドラ（一五四七～一六一六）。小説の原題は『ラ－マンチャのドン＝キホーテ』(Don Quijote de la Mancha) である。

ラ－マンチャ地方のある村に住むアロンソ＝キハーノという名の中年男が、騎士道物語に熱中して読み過ぎたあげく、頭がおかしくなった。自らを騎士ドン＝キホーテ＝デ＝ラ－マンチャと名乗り、先祖からの古ぼけた甲冑を身につけ、ロシナンテと命名した飼い置きの痩せ馬にまたがって旅に出た。近所の百姓サンチョ＝パンサに従者になってもらったものの、騎士道物語には欠かせない全身全霊を捧げるべき相手の女性がいない。そこで近くの村の小綺麗な百姓娘を、ドゥルシネーア＝デル＝トボーソという名のお姫様に仕立て上げる。正義感に溢れる騎士である。旅路では数々の戦いや冒険に出会う。旅館を城砦と思い込んだり、風車を巨人とみなして戦いを挑んだり、しかもほとんど何時も敗北の苦みを味わう。詐欺師にだまされたり、人からは馬鹿にされたりして、最後の決闘に敗れたドン＝キホーテは故郷に戻り、死の床で夢からさめて、騎士道物語を呪いながら死んでゆく。……

騎士道物語と冒険

ホメーロスをはじめとするギリシャの詩人たちが残した多くの偉大な叙事詩。一方、ディケンズ、バルザック、フローベール、ドストエフスキーらの一九世紀に成熟した数多の小説。オルテガは、文学史を彩るのはこれら「叙事詩」や「小説」だが、この二つは全く違う性質をもっている、という。叙事詩は過去そのものをテーマとして「叙述」するが、これに対して小説は、想像上の物語を叙述はするものの、本質は「描写」することにある。叙述は過去であり、描写は現在だという。そしてこれらとは別に騎士道物語というジャンルがある。騎士道物語は、語られていることに現実性はないが、基本的に叙事詩と同様叙述することである。そして騎士道物語の作者は小説家とは違って、すべてのエネルギーを、面白い出来事を作り出す方

ドン＝キホーテ（左）**と従者サンチョ＝パンサの像**　マドリッド市。筆者撮影

向に注ぎ込む。これがすなわち冒険である。冒険はつきまとう現実をガラスのように打ち砕き、予想されない新奇な世界を開く。だから読者の心を否応なく引き込むのだと説明する。

　スペインでは一六世紀にこうした騎士道物語が大流行した。セルバンテスはこうした架空の冒険小説の流行を苦々しく思った。しかしこれらを真正面から批判、攻撃することはせず、逆に騎士道物語に熱中して頭がおかしくなった「ドン＝キホーテ」という人物像をセルバンテス自らが創り出し、その奇矯な行動を通して、こうした大流行を茶化し滑稽化する方法を選んだ（「ドン＝キホーテ物語」第1部六章にこうした騎士道小説の数々が焼き捨てられる場面が出てくる）。結果的にセルバンテスは、騎士道物語を荒唐無稽さから救い出したとも言える。

　いずれにせよオルテガは、セルバンテスのこの作品の中に現実性と近代性を見出す。例えば彼は、この作品から「ペドロ親方の人形芝居」の場（第2部二五〜二七章）を取り上げ、ドン＝キホーテの心理の移り変わりを描きながら冒険を現実と対比させた点に注目している。この場面の筋書きはこうである。

　以前にサンチョ＝パンサのロバを盗んだことがある盗賊が変装して人形芝居の親方となり、ある村にやってくる。その芝居小屋にドン＝キホーテがサンチョと一緒に見物にくる。この人形劇の筋立ては、シャルルマーニュ皇帝の女婿で皇帝の一二勇士の一人ドン=ガイフェーロスという騎士が、ムーア人の虜となっていた妻のメリセンドラ姫を敵の城内から救出し、馬尻に乗せて疾風のように陣営を抜け出す。ところがこの二人の愛し合うカトリック教徒を、大勢のムーア人騎馬隊が追いかけて、いまにも摑まりそうになる……というもの。小屋で村民たちと一緒にこれを見ていたドン=キホーテは、やおらすっくと立ち上がり、この二人を助けようと、剣を抜き放ち舞台にかけ上って、厚紙で出来たムーア人たちをめちゃめちゃに打ちのめす。ペドラ親方は驚き怒り、この損害をどうしてくれるのだ、と開きなおり多額の賠償金を請求する。ドン=キホーテは、二人が無事パリに着いたらこれに勝る喜びはないと満足して、サンチョに支払わせる……。オルテガは言う。この人形芝居の舞台装置は、二つの精神領域の境界線だ。舞台上は冒険とイマジネーション・神話の領域で、外側には一つの部屋があり何人かの純真な村人たちがいて芝居を見ている。この二つの領域のまん中に異常な脳細胞のドン=キホーテがいるのだ。重要な点は、単純性と痴呆性のパイプを通って精神領域の一方から他方へ、つまり部屋から舞台、舞台から部屋へと精神の流入と流出が行われることである。そしてオルテガは「セルバンテスはこの作品で、騎士道物語にあえて挑戦したわけである。ドン=キホーテは現実の人間として現実に冒険を欲している。だから芝居小屋の部屋から作り話の世界へ飛び込んで行けたのだ。騎士道物語の中で語られていることが、ドン=キホーテの幻想の中では現実性を持っているのだ」と評価した。

セルバンテスは現実的詩人　「ドン＝キホーテ物語」の中でいちばん有名な、クリプターナの平原に並び立つ風車を「巨人」と思い込んで、槍をかざして突撃する場面（第1部八章）についても、オルテガは、この風車は一つの「意味」を持っていると説明する。すなわちドン＝キホーテにとって、これらの風車は巨人どもである。ドン＝キホーテが正常であろうと狂人であろうと、風車の意味は巨人である。大体巨人というものは現実には存在しない。人間が初めて巨人という概念を考え出した時、このセルバンテスが提示した風車という情景と少しも違ってはいなかったのではあるまいか、と疑問を投げかける。

こうしたことからオルテガは、セルバンテスを現実的な詩人だとみなす。「セルバンテスはルネサンスの頂上から世界を眺めている。ちょうどガリレオがその物理学で宇宙観を変えたように。」こうしてオルテガは、セルバンテスが描いたドン＝キホーテの中に、近代性を見出すのである。『省察』の中で、彼は「私の周りには森がその深い脇腹を開いている。私の手には一冊の本『ドン＝キホーテ』が、観念の森がある。『ドン＝キホーテ』はすぐれた遠近法的作品である」と述べた。ドン＝キホーテの深さはすべての深さと同様、明瞭なものではない。だから内側を読む、あるいは考察しながら読まない限り、その深い意味は理解できない。そして、これほど偉大な作品であったにも拘らず、スペインではその深さを認めようとしない時期があった。それが王政復古期で「この時期にスペインの心臓は最低の脈搏数になったのだ」と嘆くのである。

ドン＝ファンは悲劇性の象徴

さてもう一人のドン＝ファンはスペインで中世期に作られた伝説上の人物。不真面目で、無類の女たらし、無信仰な一人の男が、やがて亡霊から懲罰をうけ、回心して息絶えるという物語である。オルテガは『ドン＝ファン入門』の中で彼独自の哲学的視点からその人間性を分析し、ドン＝ファンは「われわれスペイン民族が世界に捧げた最上の贈物の一つだ」として、その再評価を訴えた。すなわちこの伝説民話を作り上げた中世人たちにとって、ドン＝ファンは好色、傲慢、不遜、不誠実……といった罪深い悪の権化であり、それが最後に神のみ業によって回心しながら死ぬという筋書きは、キリスト信仰の上で理想的なストーリーだった。

しかし、とオルテガは言う。回心とは、いままである理想の方に引かれていたものが、突然別のものに、おそらくは全く逆の対立的なものに集中する精神内部の急激な重心移動現象を意味する。この現象は宗教上だけでなく他にも人間行為の多くの分野で起こる。しかもそれは、だれにでもということではなく「強靱《きょうじん》で高潔な精神の所有者である少数の選ばれた人々の場合においてのみ起こる。だからこそ彼の浮気や好色は深刻かつ悲劇的に見え、響き渡る彼の哄笑《こうしょう》の内に根源的な人間的苦悩の声が聞きとられる」として、ドン＝ファンの本質は卑しむべきものでも、低俗・浮薄なものでもない、と見る。ドン＝ファンはただ鼻っぱしらが強く、あらゆる崇高な価値を否定し、神を恐れぬ単なる無分別な男だったのか。それとも様々な理想を抱いた後、はっきりと意識しながらすべてを否定する男だったのか。もし前者なら価値の否定は全く意味がない。後者なら哲学的に意味のある精神行為である。厳密にいってすべての理想は、いかに完全に思われようとわれわれの心と矛盾が生じ、結果的に否定への道を開く欠陥を持っている。ドン＝ファンは、われわれすべての人間が多少なりとも心に持っている悲劇的な胚種を象徴している人物ではないだろうか、つまりわれわれの理想は不完全なものではないのか、と問題提起をするのである。そして、セビリャの甘く優雅な陶酔的ムードの中に生まれたこのならず者は、多くの国で文学や音楽の題材に取り上げられたことで分かるように「近代が創造して、ギリシャ、ラテンの貴重な遺産に付け加えることのできた、普遍的芸術のごく僅かな主要な主題の一つと言えるかもしれない……ハムレットやファウストと並んで、ドン＝ファンはわれわれの輝かしい星である」とまで賞賛する。

こうしてオルテガはドン＝ファンを通して人間の生を論ずる。ドン＝ファンは決して淫蕩《いんとう》なエゴイストではない。いつでも生命を投げ出す気構えだった。自己をしっかりと保ちながら、死線の彼方にその生を投げ出す覚悟だけは出来ている。この努力によって、人間は英雄たりうる。自己を超越し克服する生とは自己犠牲である。「ドン＝ファンにとって、死は生の根源にある本質的なものであり、彼のうわべの陽気さに伴う対立的な旋律、共鳴音であり、彼の悦びを一層深める蜜なのである。」人間の本性は矛盾に満ちている。人間はその生命を満たしうるもののために、それを捨てる。これが理想である。大なり小なり人間は、生の場で理想を狩るものに他ならない。

オルテガは『現代の課題』の中でも「生」の理念をめぐってドン＝ファンに言及している。つまり、ドン＝ファンの行動は明らかに道徳に反抗するものだ。しかし従来、道徳は「生」に背いてきた。それが故に彼は道徳に背いてきたのだ。ドン＝ファンが何かに服従するとすれば、それは「生の充実」を前提とする倫理学が出現したときしかないだろう。そしてそれはとりもなおさず「新しい文化、生物学的文化」が誕生することを意味する。言い換えれば「純粋理性」に優先する「生の理性」から生まれるのだと強調するのである。

文明の境界線

「ゲルマンの霧」と「ラテンの明晰」

ラテン民族は明るく陽気な人種で、あまり物事に拘泥《こうでい》しない。これに対してゲルマン民族は沈思黙考型で、規則を重んじ物事に慎重だ。……こうした考え方は昔からヨーロッパの中にあった。「ゲルマンの霧」と「ラテンの明晰」という言葉が口にされていたほどである。オルテガも少年時代からこの言葉に慣れ親しんでいたが、後年、この考え方は誤りだとの見解を公けにし、独自のヨーロッパ観「地中海文明論」を展開した。『ドン＝キホーテに関する省察』の中で彼はこう主張する。「ゲルマンの霧」も「ラテンの明晰」も、ただそういう言葉があるだけで実在はしない。「ラテン文化」と「ゲルマン文化」の間には確かに本質的な差異はある。ラテンは表層的現実の文化でありゲルマンは深層的現実の文化である。厳密に言えば、ヨーロッパ文化全体の二つの異なった次元だ。しかしこの両者の間に明澄性の差異などといったものは存在しない。そしてもしもフランス人、イタリア人、スペイン人など、一般にラテン民族と称せられる人々の心の中にこのような「ラテン意識」といったものが宿っているとしたら、それは「沈滞期に自分を慰めるための金色の幻想に過ぎない」と言う。

オルテガは、もともと「ラテン文化」という概念を認めていない。あるのは「地中海文明」なのだとする。西洋史の一般常識として、ヨーロッパ文化は古代ギリシャや古代ローマから受け継がれて現代に至ったと考えるのが普通だろう。つまり古代ギリシャの正統性を受けた嫡子がローマ（ラテン）であり、ローマの嫡子が西欧であるとの考え方だ。ところがオルテガは、ヨーロッパ文化の淵源は確かにギリシャにあるが、ローマは古典的テーマを創造する能力はなく、ギリシャと共同で古典文化を創ったのではない。はっきり言うと、ローマはギリシャを理解出来ず、ローマ文化はいわばその「反射的文化」に過ぎなかったという。

地中海文化圏の変貌

ギリシャもローマも地中海という内海を舞台に栄えた沿岸国家だった。アレキサンドリアからジブラルタル、バルセロナ、マルセイユ、ローマ、シチリア、クレタへと地中海をぐるりと一周する世界が「地中海文化」圏であり、これら沿岸諸国はすべて同じ海に接し、内陸に背を向けていた。つまり南ヨーロッパも北アフリカも「同じ海の娘」だった。だからこの時代には、「ヨーロッパ」や「アフリカ」といった概念は存在しなかったのである。オルテガによれば、ヨーロッパが実質的に始まったのは、ゲルマン民族が「歴史世界の統一的有機体」の中へ全面的に入ってきてからだという。言い換えれば、地中海文化圏を含む西ヨーロッパ地域へのゲルマン民族の大移動の時から始まったのである。西暦紀元一〇〇年代後半から、ゲルマンのフランク族はガリア（フランス）へ、西ゴート族はイスパニア（スペイン）へ、東ゴート族はイタリアへそれぞれ侵寇し、征服した。そしてフランス、スペイン、イタリアがゲルマン化されたとき、アフリカは非ヨーロッパとして、ヨーロッパとは違う異質な地域となった。つまり地中海文化は一つの純粋な現実性を失い、程度の差はあれ、ゲルマニズムに変貌した。それいらいフランス、スペイン、イタリアなどいわゆるラテン系諸国は、支配階級や知識階級など社会の上層部が今日までほとんどゲルマン人で占められるようになったのである。

古代文化は地中海からゆっくりとヨーロッパ大陸の方へ移動した。ギリシャから生まれたいろいろな思想は、ゲルマニアへと進路を変えた。「プラトンの諸観念は長い年月を経てガリレオ、デカルト、ライプニッツ、カントといったゲルマン人の頭脳の中で目覚めた。パルテノン神殿の女神たちは、ある日ゲルマンの血を受けたフィレンツェの若者たち、ドナテルロやミケランジェロに身をまかせた」のだった。ゲルマンが侵入するまでの純粋な地中海文化は、ゲルマン文化（哲学、力学、生物学）とは対抗し難い。しかしその後はラテン人か地中海人か厳密には判別し難くなる。「イタリアもフランスもスペインもゲルマンの血にどっぷりとつかっており、われわれは本質的に純粋でない人種なのだ」とオルテガは言う。つまり「混沌（カオス）」的人種である。したがって「ラテンの明晰」などという表現は必ずしもあたらないのだとする。

ラテン人の気質

中世から今日まで、ゲルマンの壮大な知的高峰に対抗できる地中海的文化の代表としてオルテガは、イタリア・ルネサンスとデカルトの二つをあげる。ライプニッツやカントやヘーゲルなどゲルマン的知性は、難解ではあるが「春の朝のように明快」だ。

これに対してデカルトなどは、さほど難解といえなくとも、混沌としている。明澄性は求めるべくもないとする。そしてオルテガは、ラテン人の気質を物語るエピソードとして、ゲーテの『イタリア紀行』からの一節を引用する。

ゲーテがイタリア旅行したとき、あるイタリア人大尉と道連れになった。「この大尉は私がしばしば沈思黙考したものだから、あるとき私にこう言った。『何を考えていらっしゃるのですか。人間は考え込んではいけません。考え込むと老けてしまいますよ。人間は一つ事にうじうじしてはいけません。そんなことをしていると気が狂うからです。数え切れないほどの物事を、頭の中にごちゃごちゃにさせておくことが必要なのです』。」

このようにしてオルテガは、「ゲルマンの霧」と「ラテンの明晰」を対比させる考え方を否定するが、同時に「明澄性」とは概念そのものであり、もともとヨーロッパ北中部から伝来したもので、スペイン本来の芸術や科学、政治には一般に欠けていると指摘する。そして文化的作業はすべて、生の解釈であり、明澄性は生そのものではなく、生の充実なのだと説く。

57歳のオルテガ　パリにて。1938年

四つの大型社会

それではヨーロッパという概念はいつどのように芽生えたのか。ヨーロッパ文明とは世界史的視野からどのようにとらえればよいのだろうか。オルテガは一九四八年、マドリッドに「人文研究所」を開設するにあたって、その記念連続講義『世界史の一解釈』の中で、世界の諸文明の発生を空間的領域と時間的領域とにわたって分析し、独自の文明論を展開した。もともとこの連続講義は、イギリスのトインビー教授の『歴史の研究』の解説と検討をその主たる内容とし、副題に「トインビーをめぐって」とあるように、トインビー史学の批判に重点を置いている。だが、その批判を通してオルテガ独特の遠近法的手法による分析は、それまでの西洋史の解釈に革命的なインパクトを与えたといっても過言ではあるまい。その特徴的な見方をいくつか拾い出してみよう。

まず第一は「ヨーロッパ文明の境界線」についてである。

先に述べたように、古代地中海文化はゲルマニアの方向に向かって北進する。一方現代のヨーロッパ文明を逆に歴史的に遡って行くと、シャルルマーニュ大帝（カール大帝、在位七六八〜八一四）時代に突き当たる。その帝国内に初めて「ヨーロッパ社会」が成立したことが分かる。その領域も形態も、後世に至るまでほとんど変わらない。そしてこのヨーロッパ社会の外側には、のちのアメリカ発見に代表される別次元の膨張を別とすれば、四つの大型社会を見出す。一つは「イスラム社会」であり、パキスタンからモロッコ、さらにはアフリカ大陸の赤道付近にまで広がる。第二はアジアの熱帯諸地域に広がる「ヒンドゥー社会」、第三は中国、日本および太平洋地域の一部を含む「極東世界」、そして第四はギリシャとロシアから成る「東方正教会社会」あるいは「ビザンティン社会」である。

ヨーロッパ文明の境界線

オルテガはこのヨーロッパ社会の、言い換えると「ヨーロッパ文明」の地理上の境界線を次のように描く。すなわち、アメリカ大陸を出発点としてアイスランドを通り、スカンディナヴィアを経てポーランドを含めた地域に達し、そこからドナウ河の河口地方に向かって南下し、バルカン半島のスラヴ民族居住地の一部を分断、アドリア海に入り、そこからイタリア、イベリア半島を通過して再びアメリカ大陸の方向へと進む……。壮大なヨーロッパ地図である。だがこれはあくまでも空間的な次元での境界線である。

一方、時間的次元で考えると、ヨーロッパ文明の未来にどのような境界線が待ち構えているか分からない、とオルテガは言う。しかしヨーロッパ文明はいつかは崩壊するかもしれないといった危機論はしばしば口にされるものの、現実にはまだ終末に至っていないし、またヨーロッパ人の心の奥底には、自分たちの文明は没落しないという期待を伴った信仰のようなものがある、とも指摘する。そこでオルテガは未来の予見は差し控え、逆に彼独自の遠近法思考によって、シャルルマーニュ大帝時代、カロリング王朝以前の歴史へ遡及の旅を試みるのである。

カロリング朝以前、七世紀に遡るとそこには文明はなくただ混沌としている。蛮族、とくにゲルマン民族によって侵略、破壊された世界で、トインビーが「空位時代」と呼んだ三世紀間、いわゆる暗黒時代である。そしてさらに遡って西暦四世紀に至ると、再び完全な文明形態を見る。つまり世界国家「ローマ帝国」、さらにギリシャ・ローマ文明時代である。ここでオルテガは、再びこの時代の空間的領域を模索する。そうすると「ギリシャ・ローマ文明の境界線」は次のようになる。

ギリシャ・ローマ文明の境界線　スコットランドを除く南部イギリス諸島から始まり、ネーデルラント（オランダ）を経てライン、ドナウ両河の線まで南下し、黒海の北岸にまで達する。同文明最盛期にはインドのバクトリア地方にまで浸透、その後シリアを含めてアラビア北部全域を走破し、やがて北アフリカ全域に及び、さらにスペインとフランスを含めて再びイギリスへ戻る……。

オルテガはここで重大な指摘をする。こうして出来上がった「ギリシャ・ローマ文明」の境界線と、先に述べた「ヨーロッパ文明」の境界線とは、明らかに異なっている。しかしそこには「両文明に共有される地域」があるというのである。それはギリシャ・ローマ文明にとって国境地帯をなしていたライン、ドナウ両河の流域地方、つまりゲルマニアとスカンディナヴィアという北ヨーロッパ地域だ。以前はローマ帝国の軍事的境界線であり帝国のさい果てを示す線だったこの地域が、いまやヨーロッパ文明の「基軸」線に移り変わったのだという指摘である。言い換えれば現代ヨーロッパ文明は、ギリシャ・ローマ文明に加えてヨーロッパ北部という新領域を獲得したのだ。

イスラムの侵入による構造変化　どのような経過を辿ってこうした変化が起こったのか。これがオルテガのユニークな史観の第二のポイントである。すでに述べたように、ギリシャ・ローマ文明は地中海を舞台とした沿岸文化であり、人間の生の躍動は内陸から海岸地帯に向かっていた。そこへ北方からゲルマン諸族が侵入する。たしかに混沌世界を生みだしたであろうが、その時点ではギリシャ・ローマの地理的構造は変わらなかった。むしろ蛮族は北アフリカにまで浸透しギリシャ・ローマ世界の生を続行しようとすらした。オルテガはここでベルギーの歴史家アンリ＝ピレンヌの『マホメットとシャルルマーニュ』（邦訳『ヨーロッパ世界の成立』中村宏・佐々木克己訳、創文社刊）を引用して、「真の変化は八世紀にイスラム教徒が北アフリカ全域を占領し、地中海を分断、対岸交通を完全に遮断してしまった時に起こった」と説明する。これは急激なしかも大規模な構造的変化で、この時から地中海は沿岸文化の生の中心であることをやめたのだという。以前は内陸から海岸に向かっていた生の躍動が、今度は反対方向である海岸地帯から内陸へ、奥地へ北方へと向かうことになった。以前は北辺国境地帯であったゲルマニア、スカンディナヴィア地方が新たな歴史体の中枢になる代わりに、南の地中海、近東、北アフリカを失うという歴史の大構造変化であった。

二裂葉構造のヨーロッパ文明

時代は再び近世方向に戻る。そしてここにオルテガの指摘する第三のポイントがある。シャルルマーニュ大帝の息子ルイ一世敬虔王は、フランク族の習慣に従って、死ぬ時に自分の領国を三人の息子に分け与えた。次男のルードヴィヒには東フランク（ドイツ）を、三男のピピンには西フランク（フランス）を与えたが、皇帝の称号を継承する長男のロタールにはその間に挟まれるロタリンギア（この一部が今日のロレーヌ、もしくはロートリンゲン）を与えた。この領地は、ネーデルラントからライン河の全流域地帯を含めてイタリアに達する奇妙な形の帯状地だった。何故このような地域を長子に継承させたのか。実はこの細長い地域の中には、ローマ帝国再興を計ったシャルルマーニュにとっての帝国首都ローマがあり、またシャルルマーニュ自身の帝都アーヘンが含まれている。ローマ帝国時代に絶対的指揮権（imperium）を持った人間（imperator）がその指揮権を行使したのは、じつに当時の国境線であるこの地帯で、政治的にも軍事的にも重要この上ない地域だったのである。事実シャルルマーニュ以後も、ヨーロッパに覇を唱えようとする者すべてがこの地を掌握すべく、大戦闘を繰り返してきた。のちにスペイン国王となる神聖ローマ皇帝カール五世（在位一五一九〜五六、スペイン国内ではカルロス一世）もこの地を領有した。二〇世紀に入ってもこの地をめぐる紛争は繰り返され、ヨーロッパ史の中では決定的な意味を持つ宿命の地と言ってもよいかもしれない。

オルテガはさらに続ける。それではヨーロッパ文明の中で、絶対的軍事指揮権が行使される場が古代ローマの時のような僻地の国境線ではなくて、中央の基軸線になったのは何故か。シャルルマーニュの孫ロタールがこの地を継承したことによって、ヨーロッパの東部と西部は分離され、以後二度と再び一体化することはなかった。ロタリンギアはその絶縁地帯、ヨーロッパ大陸の東西両地域の隔絶地帯として働いた。そして「これが原因となってヨーロッパの内部には一方にフランス、他方にドイツという違った二つの人間性を芽生えさせ、熟成させたのだ。言い換えればこの分離帯こそ、フランス、ドイツというヨーロッパ大陸の二大国民の形成を促した原因だ」と言うのである。そしてさらに「このことは、ヨーロッパ文明の歴史体は解剖学的に見れば、二裂葉構造を持っているということである。われわれの文明は二つの主裂葉、フランスとドイツから成り立ち、必然的に双方の間に圧力を均衡させる一本の線が必要とされた。しかしギリシャ・ローマ世界はこうした構造の世界ではなかった」とする。

この部分こそオルテガがトインビーのヨーロッパ史観を批判した最重要ポイントであった。すなわち「トインビーは、ヨーロッパ世界はローマ世界の肋骨から自らの脊椎を作り出した、と言っているが、もしライン河の線がローマという歴史体の肋骨であったならば、ローマはどこか別の場所に脊椎をもっていたという予測が成り立つ。トインビーはそれがどこにあったと言いたいのか？ローマはどこにも脊椎など持っていなかったし、解剖学的に二裂葉構造の世界でもなかった。これがギリシャ・ローマ文明とヨーロッパ文明との間に横たわる深刻な相違なのだ」として、トインビー理論は両文明間の深い構造上の相違を無視するという重大な歴史的誤りを犯したと断じた。

今日のヨーロッパ情勢、とくにEU（ヨーロッパ連合）完成をめざす動きの中で、フランスとドイツが今なおその中心的な役割を持ち、その両国関係の機微が連合を推進できるかどうかの重要な鍵となっていること、さらにその中間にEU本部を置くベルギーやオランダ、ルクセンブルクが介在する地勢上の位置関係を考えるとき、オルテガのこうしたヨーロッパ文明論がその背後で大きな意味を持つように思えてならない。

スペインについて

さかんなスペイン研究

日本人が日本について論じるのが好きなように、スペイン人も「スペイン」について論じるのが大好きな国民のようである。今世紀に入ってもスペイン研究が盛んで、メネンデス＝ピダル（一八六九～一九六八）をはじめ、アメリコ＝カストロ（一八八五～一九七二）、クラウディオ＝サンチェス＝アルボルノス（一八九三～一九八四）、サルバドル＝デ＝マダリアガ（一八八六～一九七八）らの優れた歴史学者や知識人を輩出している。彼らとほぼ同時代人であるオルテガも、スペインの歴史・文化・国民性に関して多くの著作の中で、随所にわたってその独自な見識を披露している。『ドン＝キホーテに関する省察』、『無脊椎のスペイン』、『世界史の一解釈』その他で述べられているオルテガのスペイン観の一つの大きな特色は、スペインの国家形成にあたって重要なインパクトとなった要素として、イスラム文化の侵入以上に、ゲルマンの西ゴート族の侵略を重視している点であろう。以下『無脊椎のスペイン』を中心に彼のスペイン史観を紹介してみよう。

フランク族と西ゴート族の違い

五世紀後半にローマ帝国が崩壊したとき、ヨーロッパの中央および西部には、特定の共通したタイプの社会や国家が生まれたが、スペインもその一つだった。つまりスペインもフランスやイギリス、イタリアと同じ構造を持っていた。この四か国はそれぞれ三つの要素が結合して形成されていた。三要素とは、まず第一に比較的土着の種族であること、第二にローマ文明の残滓《ざんし》であること、そして第三はゲルマン人の移住である。オルテガはこの三要素のうち第二の「ローマ文明の残滓」については、各国ともその発達過程で共通に見られる要素だが、第一、第三についてはは必ずしも共通の要素とは言えないと指摘する。

まずそれぞれの国家が区別された決定的要因が、それぞれの土着民の違いにあったからだとする第一の要素は一見正しいようだが誤っている。フランスとスペインの二国家が形成される際、それぞれの土着種族、つまりガリア人とイベリア人との違いが、その発達に影響を及ぼしたことは確かだが、それは決定的な影響とは言えない。何故なら人種が違っても一つの国家が形成された例は今までにもあったからだ。ほとんどすべてのアジア国家はこのタイプに属していると言える。ただヨーロッパ諸国は東洋の国家組織に見られる歴史的構造や生理とは大きく違って、人種は動物学上の別の種族であり、独自の生理を持っている。「ヨーロッパの国家は、ある民族による他民族の征服から生まれた社会である。征服者ゲルマン人は、被征服者の土着民と同一平面で水平的に融合せず、垂直の方向で融合したのだ」と言う。ゲルマン人は決定的な国家形成要素だった。したがって国家間に相違が生まれる際にも決定的な役割を演じたに違いない。つまり「フランスとスペインの違いは、ガリア人とイベリア人という人種の違いよりも、これらの地域に侵入したゲルマン人内部の異なった性質に由来する。フランスとスペインの違いは、ガリア（フランス）に入ったフランク族と、イベリア（スペイン）に入った西ゴート族の違いなのだ」と指摘する。

それならこの両ゲルマン人はどう違っていたのか。西ゴート族はイベリア侵入の過程でローマ文化や文明に接し、いわばその「アルコール中毒」にかかった。西ゴート族はイベリア侵入の過程でローマ文

それならこの両ゲルマン人はどう違っていたのか。西ゴート族はイベリア侵入の過程でローマ文化や文明に接し、いわばその「アルコール中毒」にかかった。ヨーロッパの僻地であるスペインで一息つくのだが、そこにやってきた時はすでに衰退した民族だった。これとは逆に、フランク族は完全な姿で洗練された土地ガリアに侵入し、そこで生命力を遺憾なく発揮する。

ゲルマン社会で一番特徴的な点は封建制度であった。ローマが最初にやったことは機構としての国家を築くことで、個々人はその国家、つまり市民の総体（civitas）に従順な成員として考えられていた。これに対しゲルマン精神は、腕っ節の強さと度量の広さで自分に他人を従わせ、他領土を征服しそれを所有するといった小人数のたくましい人々から成り立っていた社会のものであった。

フランスに入ったフランク族は、国内に多くの強力な封建領主を作りだし、彼らは国家建設に邁進した。フランスの国家組織は何世紀もの間分裂を繰り返すが、内部統一の出来る成熟期に入ると互いに結合し、複雑かつ広範な組織となって、最終的には州や伯爵領や公爵領になった。ところが西ゴート族は、スペインに入ってきた時はすでに憔悴《しょうすい》、衰退しており、優れた少数指導者がいなかった。彼らはアフリカからのイスラム勢力の侵入に対しては、なす術もなく散りじりに姿を潜めた。その後イスラムの潮が引くと、少数貴族など指導階級がいないまま、君主と民衆とでカス

ティーリャ、アラゴン、カタルーニャなどの諸王国がその後分立する。「それでも人は、栄えある国土回復（レコンキスタ）が出来たではないかと言うかもしれないが、八世紀もかかってやったことが、どうして回復と呼べるのか理解しがたい」とオルテガは言う（以上『無脊椎のスペイン』より）。フランスのスペイン史専門家P＝ヴィラール教授は「レコンキスタ時代のスペインは統合されているというよりは、むしろ分裂していたと言ったほうがよい。九〜一〇世紀のレオンと一二世紀中頃までのカスティーリャは、西ゴート諸王の後継者だと常に公言して憚らなかったし、その王も、全スペインの皇帝、と自称した。しかしその理念は現実とかみ合わなかった」とその著『スペイン史』の中で述べている。そしてオルテガは、もしスペインに真の封建制度が存在していたら、生の横溢、有り余るエネルギー、十字軍……が他国にあったようにスペインにも真の国土回復があったはずだ。国家形成期のスペインが西ゴート族に支配されたことが、スペイン文化の後進性やヨーロッパ世界の中での「周縁性」の遠因だったのだ、と主張するのである。

イベリア半島の自然環境

イベリア半島は、アフリカとヨーロッパ、大西洋と地中海の間にある十字路である。東西南北からの往来は激しく、人々の出会いの場でもあった。さらにまたスペインの地勢は、他のヨーロッパ諸国と違って、大西洋、地中海、ピレネー山脈というそれぞれ全く性格の異なる環境に囲まれている。こうした自然環境は、住民に特異な運命をもたらし、独自の歴史を歩ませた。「ヨーロッパはピレネー山脈で終わる、ピレネーを境としてスペインはアフリカに属する……」といった言葉が囁かれた背景になっているのだが、一七世紀のフランスの科学者・哲学者パスカルも『パンセ（瞑想録）』の中で「ピレネー山脈のこちら側では真理、あちら側では誤謬」（二九四節）と書いている。そして「スペインは遠い先史時代からヨーロッパでは時には微妙な、時には目を見はるような独創性を発揮してきた。それは決してよく言われるようなアフリカ的なものではない。いくつかの自然要因により一種の小大陸として歴史的に独自の存在となっている」（ヴィラール『スペイン史』）のだ。

スペインの地形は極めて特殊である。内陸部には台地（メセタ）と山脈（シエラ）が幾重にも立ちはだかって大陸性の厳しい気候を招く一方、温暖な海岸部は土地の起伏や河川の形態が原因でそれぞれ地理的に孤立、分断され、そろって中央台地に背を向けている。フランスなど他のヨーロッパ諸国と違って国内の河川網が十分に発達していない。このため中央スペインは厳しい気象条件に加え、自然資源や食料不足に悩まされ、孤立感が高まってゆく。こうした自然条件、孤立と貧しさが、スペイン人の自立への情熱、尚武の気性、禁欲主義、政治的支配欲、そして全半島住民の統合を目指す意欲を育てる要因になっているとは、多くのスペイン研究者が一様に指摘するところである。そしてスペインの歴史は多くの場合、中央台地のカスティーリャ地方などがスペイン全土の統合を計ろうとするのに対し、やはり自発的に分離独立を計ろうとするバスク、カタルーニャ、バレンシア、アンダルシアなど主として海岸部の諸地方との間の絶え間ない闘争であった。

オルテガは、スペインが持つこうした特殊性を「無脊椎」と表現した。これは単に地理的特異性を意味するのではなく、政治的、文化的特性を意味するのである。

背骨がないスペイン

歴史上一国家の統合とは、その中核体がただ拡張したというものではない。原初ローマは市周辺の二つの山から生まれ、エトルリア人など異種族、異民族を支配してイタリアの胴体に合体し、最後はコーカサスから大西洋にいたる巨大帝国を築きあげるのだが、その過程でそれぞれの地域や民族の生活集団は、ローマに飲み込まれ抹殺されてしまった訳ではない。「征服、統一、統合ということは、それに関係した集団が、集団として本来持っている機能を失うという意味ではない。各集団の中にある自立の力は、押さえつけられはしても、生き続けるものである。集中化の力が、各集団がばらばらにでなく、全体の中の部分として生き続けるよう仕向けるのである。したがって国家形成の中心の力、例えばローマ帝国におけるローマや、スペインにおけるカスティーリャの力が少し弱まると、合体していた各集団の内蔵していた分離化の力が、再び自動的に顔を覗かせるのである。……」

オルテガはこのように分析しながら、前章で述べたように、カタルーニャやバスク地方などの分立主義は「スペインという生のすべてを解体へと押し進めている、潜在的な大きな動きなのだ」と警告し、その社会的実態を『無脊椎のスペイン』第2部「すぐれた者の欠如」の中で次のように分析した。

「今日のスペインには人物がいない」という決まり文句があるが、それなら「昨日はいたのか」。

ホセ＝オルテガ＝イ＝ガゼット通　マドリッド市。筆者撮影

……今日人々は気づいていないようだが「人物あるいは人物らしさ」はその当人が持っている資質にあるのではなく、民衆や集団や大衆が「ある種の選ばれた人に与えるもの」である。「人物らしさ」はその人自身の人格にあったのではなく、その人を取り巻く神秘的な光輪、感情的な後光だったのだ。そして同じ事が大衆についても言える。もし大衆が政治家に対して、溢れるばかりの激しい衝動から、熱烈で絶大な信頼を寄せることをせず、逆に自分たちも彼と同じくらい偉いのだと信じているならば、その政治家は集団の真の代表たりえない。

歴史の上昇期、すなわち国家の建設期には、大衆は自分たちを大衆、つまり無名集団であると感じ、自分たちの集団を愛し、それをある選ばれた人たちに象徴させ、具現させ、生の熱情という宝を託するのである。そういうときには「人物がいる」と言われる。一方歴史の下降期、すなわち国家が分立主義の犠牲となって分裂する時期には、大衆は大衆であることを欲せず、大衆一人一人が指導的人物であると信じ、すべて卓越した者に反逆し、彼らに嫌悪や雑言や妬みを浴びせる。そういうとき大衆は自分の馬鹿げた行動を正当化し、内面の悔恨を打ち消すために「人物がいない」と言う。

国家とは選ばれた少数者によって組織され構成された人間集団である。ある国家において、大衆が大衆であることを、すなわち指導者である少数に従うことを拒否する時には、その国家は崩壊し、社会的崩壊や歴史的「無脊椎化」が起こる。「われわれスペイン人は、いまこの歴史的無脊椎化の極端な場合を体験しているのである。」……

背骨がないスペイン、というこの著作の標題は、一九二〇年代の「模範性に対する従順さ」に欠けたスペインの状況を憂えたもので、当時としては大胆きわまる政治・社会批評であり、内外に大きな話題を呼んだ。そして一〇年後の『大衆の反逆』で彼の名声はさらに高まるのである。

エリートと大衆

「パンとサーカス」　ローマが滅びた原因の一つとして、「パンとサーカス」という言葉がよく使われる。権力者が、民衆をおとなしく素直に忠実に従わせるためには、食料と安手の娯楽を与えてさえおけばよい、といった考え方である。これは、ローマ帝政期の風刺詩人ユヴェナリスが、時の皇帝ドミティアヌス（在位八一〜九六）治世下の頽廃した世相を嘆いて歌った詩の中で使われた言葉である。当時ローマの市民たちは無料で穀物が配布された上、競技場や闘技場が開放されて、ゲームに熱中した。この慣習は初代皇帝アウグストゥス（在位　前二七〜後一四）の時代からあって、アウグストゥス治下のローマでは一年のうち六六日が公共のゲームに捧げられた。そしてこの日数は、四世紀になると一七五日に達したという。

今日流に言えば、大衆文化と大衆社会の出現で、民衆は安逸に流れ無気力化し、政治責任を放棄することによって社会の衰退が始まるということである。平等を原則とする民主主義に支えられた大衆社会は、行き過ぎると全体主義、ファシズムに陥り、やがては国家の滅亡を招く危険がある。そしてこうした危険性については、すでに紀元前にプラトンやソクラテスらギリシャの哲学者たちも、指摘していた。

本格的な大衆社会論

だがヨーロッパでこうした「大衆社会論」が本格的に論議されるようになったのは、一九世紀以降のことである。『アメリカの民主政治』を書いて民主主義制度のネガティヴな側面を抉《えぐ》り出し内外の注目を集めたフランスのトクヴィルをはじめ、ニーチェ（独）、フロイト（オーストリア）、デュルケーム（仏）、マックス＝ヴェーバー（独）……といったほぼ同時代の一連の政治学、哲学、心理学、社会学者たちは、ヨーロッパ社会の精神的・文化的危機を感知しながら、それぞれの立場で大衆社会分析を行った。この傾向は二〇世紀に入ってさらに顕著となり、シュペングラー（独）の『西洋の没落』やオルテガの『大衆の反逆』を生みだすのである。これらの中で、大衆社会を最も痛烈に批判したのがオルテガであろう。それだけに誤解も少なくなく、貴族主義者とか衆愚主義者とか保守・反動家のレッテルを貼られがちだ。しかしオルテガの言う「大衆」とは、身分や階級を意味する社会学的あるいは経済学的な概念ではなく、「自分がみんなと同じであることに何らの苦痛を覚えず、逆に同じであることに喜びを感じる人間」すべてを意味する哲学的・人間学的な概念である。

オルテガによれば、この種の「大衆」は上流階級にも下層階級にも存在する。労働者の中にもいれば、学者や専門家などインテリの中にさえも見出される。「優れた人間とは自分自身に多くを課す者のことであり、凡俗な人間とは自分自身に何も課さず現在あるがままのもので満足し、自分自身に陶酔している者である。」大衆は自らの凡俗を承知の上で、大胆にも凡俗なる者の権利をあらゆる場所で主張・貫徹しようとし、自分と違う考えの人を排除しようとする。人間の生は本来「自分自身となるための闘い」であり努力であるのに、大衆はその真理を忘れるどころかあざけり、生の高みに上る人の足を引っ張るのである。こうした大衆社会はアメリカ特有の現象だったが、いまではヨーロッパでも大衆社会化が進んでおり、ムッソリーニのファシスト政権もソヴィエトのボルシェヴィキ政権も等しく大衆社会によって支えられている……。以上がオルテガの大衆社会批判の要点だ。

密集・充満の事実

オルテガの代表的著作『大衆の反逆』は、「大衆の反逆」と「世界を支配しているのは誰か？」の二部から構成されている。第一部は大衆人の定義と、その出現によって引き起こされる社会構造の変化、アメリカ論、ロシア論から国家論にまで敷衍《ふえん》する。第二部では近年口にされるヨーロッパもしくは西欧の没落論に言及し、それなら没落から救う方法は何なのかと設問、オルテガ独自のヨーロッパ統合論を展開している。

「大衆」の意味について、オルテガはまず、日常生活で目につくごく卑近な事例を挙げた。最近都市は人々で満ち溢れている。家々は借家人で、ホテルは宿泊客で、汽車は旅行客でいっぱい。喫茶店は客で、街路は通行人で、有名な医者の待合室は患者で溢れている。劇場は観客で満員、海浜は海水浴客がうようよしている。ここで以前には考えられなかった問題、つまり空いた場所をどうやって見つけるか、が絶えず問題になり始めている。

何をいまさら驚くのか、劇場や汽車の座席もホテルの部屋も、もともと満員になるためにあるのではないか、と言われればその通りだ。「しかし問題は、以前はこうした施設や乗物のどれもが満員になることはなかったのに、今では人が溢れ、それらを利用しようと切望する人たちが外にとり残されている事実である。たとえこの事実が当然のことだとしても、以前には起きなかったことが何故現在起こっているのかを無視できない。つまりそこには一つの変化、一つの革新があったわけで、そのことがわれわれを驚かすのである」と自問自答する。そしてこの現象を「密集ないしは充満の事実」と名づけた（もしわれわれ一般の日本人が尋ねられたら平然としてこう答えるだろう。当たり前ではないか、大衆の生活レベルが上がりレジャーを楽しむ時代になったからだ、と）。

しかしオルテガにとってはこれが極めて深刻な重要問題なのだった。「人口が急激に増えたからではない。一五年前にも現在とほぼ同数の人間が住んでいた。むしろ第一次大戦後は人口は減っているはずだ。こうした群衆を構成する個人個人は前々から存在していたが、しかし群衆としては存在しなかった。彼らは小さな集団を作るか、ばらばらで世界中に分散していて、他とかかわり合いのない互いに異なった生活を送っていたのだ。」「ところが今や突如として彼らは、集団という種として姿を現した。以前は比較的洗練された少数者のため、正確に言えば『優れた少数者』のためにとって置かれた場所に現れた。群衆は突如姿を現し、社会の中で最も好ましい場所に居ついてしまった。」「以前はたとえ存在していても、人に気づかれず、社会という舞台の背景に潜んでいたのが、今や舞台の前面に出てきてライトを浴び、主要な存在になっている。もはや舞台に主役はいない。いるのはコーラス団だけである。」

オルテガは「社会というものは常に少数者と大衆という二つの要素からなるダイナミックな統一体である。少数者とは特別な資質を備えた個人からなる集団であり、大衆とは特別な資質を備えない人々の総体である」と規定する。つまりこの大衆とは「労働者大衆」のことではなく「平均人」のことである。したがって、社会を大衆と優れた少数者とに分けることは、人々を社会的な階級に分けることではなく「人間的な階級」によって分けることであり、上層とか下層といった階層分けとは違う、と強調する。オルテガの言う「優れた少数者」とは、「知的・人間的エリート」だと考えると分かりが早いかもしれない。

「大衆の反逆」現象

さてオルテガの論点に戻ろう。先述した「密集・充満の事実」は、大衆が以前は健全な社会の力学的関係の中での自分の役割を知っていたのが、今や社会の前面に進み出て、以前には少数者だけのものであった設備を占領し、利器を使用し、楽しみを享受しようとしたために生まれた現象だ。そして、享楽面だけならまだしも、困ったことはこうした傾向が時代の一般的風潮になり、政治にまで口を出すようになってきたことだ、と嘆くのである。「私は近年の政治的変革は、大衆による政治の支配以外のなにものでもないと信じている。かつてのデモクラシーは、自由主義と法秩序のおかげで穏やかに生き続けてきた。これらの原則を遵奉するにあたって、個人は自己の内に厳格な規律を保持するよう義務づけられていた。……ところが今日、超民主主義の名で大衆が法を無視して直接的に行動し、物質的な圧力で自分たちの希望や好みを社会に強制している。……以前の自由主義デモクラシー時代では、大衆は政治を専門家にまかせていた。しかし現在の大衆は、自分たちが喫茶店での茶飲み話から得た結論を社会に強制し、それに法的な効力を与える権利があると思っている。われわれの今の時代ほど群衆が直接的に支配権をふるうようになった時代は、歴史上かつてなかったのではないかと思う。」

オルテガはこの現象を「大衆の反逆」と名づけた。

オルテガによれば、今日の大衆社会の特徴は二つある。第一は大衆の生活分野の大部分が、以前の少数者だけに限られていた生活分野と一致していること。第二は大衆が少数者に対して不従順となり、尊敬もせず逆に少数者を押し退けてそれにとって代わろうとしていることである。第一の点については、物質的な欲望、例えば一八二〇年には自宅にバス・ルームのある家はパリで一〇軒もなかったのが、今は大衆がこうした利器を使用し、使用する技術を身につけた。物質的技術だけでなく、法律的、社会的技術をも身につけた。基本的人権や市民権の発想は、一八世紀にある少数者が発見した「思想」であった。ところが一九世紀に大衆は、こうした権利の思想を「理想」と思い始め、今日ではこの理想が「現実」となり始めた。万人平等化の権利は、今や人類の目標でも理想でもなくなり、単なる要求かあるいは無意識的な前提に変わってしまった。このように大衆、つまり平均人のレベルが昔の少数者のレベルと同じになったということは、ヨーロッパでは新事実だが、アメリカ大陸では建国いらい極めて自然な生得的事実だった。またヨーロッパでは、こうした平均人の生活水準が向上した際に、その生活様式が「アメリカナイズ」されたと口にされた。しかし、ヨーロッパはアメリカナイズされてはいないし、アメリカからの影響もさほどは受けていない。むしろヨーロッパ人の生活水準が低かったため、平均化によって財産も文化も均等化され得るところが大きかった。この面から見れば、「大衆の反逆」はヨーロッパの生命力と可能性を測り知れないほど増大させたことになる。そうなると「西洋の没落」とは一体何なのか？　没落したのはヨーロッパの諸国家なのか、文化なのか、それともこれらの背後にあるもっと重要な、生命力なのか。国家や文化については両方あてはまるかもしれないが、生命力についてでは絶対ない……とオルテガは断言する。

高貴な生と凡俗な生

新たに登場した大衆は、生が完全で自由である状態は、はじめからそこに存在し確立されていたものであって、なんらかの特別な原因があってそうなったのだとは考えない。現在の安定した暮らしも、文明の発達も、世界の平和も、太古の昔からそのままあったのであって、誰か少数の優れた人々の努力や奉仕によって、現在に至ったのだとは思わない。中国の農民は自分の生活が安楽なのは皇帝のおかげ、と少し前まで信じていた。だから彼らの生は、常に頼りにする最高指導者に向けられていた。だが現在の大衆人は、環境が激変しない限り、他人に頼ろうとはしない。自分が自分の生の本人だと考えている。

これとは逆に、選ばれた人間、優れた少数者は、自分から進んで自分よりも優れた規範に奉仕しようとする。奉仕しなければならないことを圧迫とは受け止めない。たまたま奉仕しようとする対象がなくなると不安を感じ、自分を押さえつけるような困難な新しい規範を考え出す。「これが規律からなる生、つまり高貴な生である。高貴さの本質は、自己に課する多くの要求や義務であって、権利ではない。まさに貴族には責任が、ノブレス-オブリジュ（Noblesse Oblige）があるのだ。」

オルテガは、彼自身が貴族趣味あるいは貴族主義者だとの批判を、しばしば受ける。彼の言葉を表面的にとらえて、貴族的立場からの衆愚主義者あるいは差別主義者だとの酷評があるのも事実だ。しかし何度も言うようにオルテガの思想は奥が深く、「生の理性」という彼独特の哲学の立場に立たないと、その本質が理解し難い。それだけに誤解も多くなる。「貴族」という言葉も誤解を受けやすい典型的な一つの例であろう。オルテガ自身の説明によると、「貴族」（nobleza）という言葉の語源は本質的に動的なもので、高貴な人（noble）とは「知られた人」（conocido）を意味する。無名の大衆から抜きんでて自己の存在を知らせた人、誰もが知っている人、有名な人のことである。ちなみにオルテガによれば、高貴でない（sin nobles）人が俗人（スノッブ s'nob）だという。貴族という言葉には名声をもたらした測り知れない努力の意味が含まれている。だから高貴な人とは、努力をした人、優れた人と同じことなのだ。ところが今ではこの言葉が日常用語の中で、多くの人にとっては「世襲的な血筋の貴族」といったような、一般的権利に似た、静的な意味に堕落してしまったことが腹立たしい、とオルテガは嘆く。

一方凡俗な生は、自分を疑わない。自分が極めて分別に富む人間だと考えている。だからうらやましいほど平静である。そして、少なくとも今日までのヨーロッパの歴史では、凡庸な人間で自分が「思想」を持っているなどと考えたことはなかった。もちろん彼らは信念や経験、習慣的な考え方などを持っていたが、例えば政治や文学について、理論的な意見を持っているとは思っていなかった。政治家の善悪を批判はしても、それは他人が創造した考えに賛成するか反対するかの反射的行為に限られていた。ところが今日では、これら平均人は、最も限定的な「思想」を持ちはじめた。もはや耳を傾けてばかりいる時ではない、自ら判断し決定する時なのだと考え始めた。大衆が「思想」を持ち、教養を備えることは大きな進歩であり、結構なことなのだが、この平均人の「思想」は、真の思想ではないのだ。思想を持つためには前提条件がある。つまり真理を愛し、真理が課すゲームのルールを受け入れることである。こうしたルールこそ文化の諸原理である。市民法の原理がないところに文化はない。議論の際に知的な態度への敬意が存在しないところに文化はない。交通制度、美学論争を必要としないところに文化はない……。あるのは、厳密に言って「野蛮」である。「この野蛮こそが、大衆の反逆とともに、いまヨーロッパに現われ始めているものである。」オルテガはこのように指摘することで、ヨーロッパを覆い始めた全体主義的傾向、ボルシェヴィズムやファシズムの横行に対して警鐘を打ち鳴らしたのであった。

歴史的パースペクティヴ

オルテガは五〇歳を越えて、益々頭脳が冴え観察眼は鋭く、その思想に円熟の度を増す。『ガリレオをめぐって＝危機の本質』（一九三三）や『体系としての歴史』（一九四一）がその代表作だし、さらに後年の大作『人と人々＝個人と社会』（一九四九～五〇。五七年遺稿出版）や『世界史の一解釈』（一九四八。六五年遺稿出版）などはいずれも六〇歳を過ぎてから、マドリッドの人文科学研究所で行った講義・講演をもとにした著作である。先に述べたように、オルテガの「生の理性」哲学は『ドン＝キホーテに関する省察』に登場し、『現代の課題』で理論化され、『大衆の反逆』で具現化するのだが、これら著作の底を流れる歴史的パースペクティヴについての理解をさらに深めるために、とくに次の二つの用語について、考えてみることにしよう。

「世代」とは何か

まずその一つは「世代」(generación) という概念である。これはオルテガの歴史観、歴史へのアプローチを理解する上に、極めて重要な言葉である。『ガリレオをめぐって』は、コペルニクスの地動説に賛同して断罪されたガリレオ裁判をモチーフに、中世から近代への歴史的転換を通じてみたオルテガの歴史哲学論だが、とくにヨーロッパ史が経験したいわゆる三大危機――すなわち古代ギリシャ・ローマ世界の没落期、中世を崩壊へ導くルネサンス期、そして、近代の終末としての現代――の本質と構造の分析に力を入れている。そして分析の鍵として、このオルテガ特有の「世代」という言葉が頻繁に用いられる。『ガリレオをめぐって』を中心に、彼自身の説明を要約してみよう。

人間の「生」の最も基本的な事実は、人間たちが死に、新しい人間たちが生まれてくる、つまり「生」が交替することである。したがって歴史的変化というものは、人間存在と基本的に結びついている。人間は年齢を持っている。ディルタイやハイデッガーも言うように、「生」とは「時間」である。しかも終末のある時間であり、だからこそ人間は年齢を持つ。年齢とは人間が常に限られた一定の時点に立っているということである。その生涯を見れば、子供、青年、壮年、老人……といったそれぞれの時点に。

このことは歴史的現在、言い換えるとすべての「今日」は、三つの異なった時間、三つの異なった「今日」を含んでいるという意味だ。この「今日」は、ある人にとっては二〇歳であり、別の人にとっては四〇歳であり、さらに別の人にとっては六〇歳である。

例えば一九三三年という年を取り上げてみる。この年は唯一の時点であるように見えるが、一九三三年には青年と壮年と老人が生きており、一九三三年という数字は三つの異なった意味で三面化され、三者を同時に内包している。つまり一つの歴史的時点の中に三つの異なった年齢段階が統一されているのである。この三者は「同時代人」として、同じ時代と空気、同じ世界の中に生きているが、それぞれ違ったやり方で世界の形成に寄与している。やり方が一致するのは「同年配人」の間だけである。同時代人は必ずしも同年配人ではない。「歴史は動き、変化し、推移する。すべての同時代人が同年配であれば、歴史は麻痺状態で停滞し、石のように硬直し、基本的な革新の可能性が全くなくなってしまう。」

オルテガはこの「同年配人」の総体を「世代」と名づけた。

こうして「世代」とは、同年配であることと、生きた接触点を持っていること、の二つの基本的事実を前提としていることが分かる。さらにこうした世代は、次々と新しい世代が後に続くという、歴史の中での時間的継続性を持っているとともに、ローマ帝政時代のようにインド国境からリスボン、イングランドにいたる広大な地域に、同じ生の共同体として住んでいた同年齢人も同じ世代であり、空間的な幅をも持っている。それでは、人間にはいくつくらいの生の段階、言い換えると世代があるだろうか。

一五年周期説

従来の常識的な考えとして、一つの世代は三〇歳から六〇歳までの間ととらえ、この期間は同質の生を基盤としているとみなされがちだった。しかしオルテガはこれに異論を唱え、彼独自の「一五年周期説」を明らかにした。

学問の世界でも政治、芸術の世界でも、ふつう一人の人間が自分自身の思想の基盤が出来上がるのは、三〇歳から四五歳までの間で、四五歳以後はそれが完全に展開される時期である。三〇歳から四五歳までは成長し、活動し、戦う期間であり、四五歳から六〇歳までは権力と支配の期間である。六〇歳以上の人々が歴史的現実の中で演じる役割は、他の年齢に比べて少なく、歴史に関与するのも例外的でしかない。そうすると、少なくとも男性の生は、それぞれが一五年間続く五つの年齢層に分けることが出来る。少年期、青年期、導入期、壮年期、老年期である。そして真の歴史的時期は二つの成熟した年齢段階、すなわち導入期と壮年期とである。

それではこの一五年世代をどのようにグループ分けするのか。例えば、一九二三年に三〇歳になった人がいると仮定する。だがこの人は三〇歳という現在の年齢が、前の一五年に属するのか、後の一五年に属するのか、あるいは前後七年ずつにまたがって、二つの世代の中途にいるのか分からない。言い換えれば、自分の年齢を境界として一つの世代が始まるのか、終わるのか、あるいはこの年齢が世代の中心をなすのかはっきりしない。

だがこの点こそが重要なポイントなのである。つまり「各世代は二つの異なった世代の間にはさまれているということ。そしてその二つの世代それぞれが、さらに別の世代と隣接し、こうして世代が次々に続いていくということである。言い換えると、世代は諸世代の全系列を前提としており、一つの世代に相当する年代的な幅は、系列の全体を規定してはじめて確定できるのである。」

この点に関してオルテガは『現代の課題』の中でもすでに「歴史において決定的な意味を持つものは生の感性の変化であって、それは世代の形式をとって現れる」と述べ、さらに「新しい世代は、それに先行する世代の中にすでにその生存形式が見出される。諸世代は連続的に前の別の世代から生まれる。各世代にとって、生きるということは二つの次元をもった課題である。一つは先行世代によって育てられたもの、つまり諸思想、諸価値、諸制度などを継承する側面であり、もう一つは当世代固有のものを創造する側面である」と指摘している。

こうしてオルテガは、大きな歴史の流れの中で、「近代」の方向を決定する時期を、一六〇〇年から一六五〇年までの時期とし、この中から決定的な世代を摘出しようとした。そしてその対象としてデカルトを選び、一五年周期説の実験を試みた。まずデカルトが三〇歳になった時の年代を調べる。一六二六年である。この年を起算点とすると、一つ前の世代の年代は一六一一年でホッブズ、グロティウスの世代である。その前は一五九六年でガリレオ、ケプラー、ベイコンの世代。さらにその前は一五八一年でブルーノ、セルバンテス、スアレスの世代で、もう一世代遡ると一五六六年、モンテーニュの世代となる。これらの人物はすべてデカルトよりも年上、つまり前世代の人々であることは当然だが、この各世代は断絶しているのでない。いわばオーバーラップし調整しながら継続して、近代への道が拓かれたわけである。

このように歴史の調整が一五年ごとに変化するという仮定に立つことで、われわれはわれわれの時代の方向づけをし、おおよその診断を試みることが出来る、とオルテガは言う。そして一九一七年に始まり一九三二年に終了した一世代の事例を挙げる。この期間は第一次大戦の戦後期にあたるが、一九一七年という年は、ファシズムやボルシェヴィズムといった新しい政治概念が出現すると同時に、絵画でキュービズム、文学では表現主義が始まった年であることに注目する。この方式をさらに延長してみよう。一九三二年の次は一九四七年、さらに続く世代（オルテガはこの間に世を去ったが）は一九六二年、一九七七年そして一九九二年世代となる。ちなみにこの期間を現実の世界の動きに照合させてみよう。第二次大戦から東西冷戦の発生期、激化期、膠着期、そしてソ連圏崩壊による冷戦終結期へと移行する。

歴史的危機とは何か

オルテガはこうした歴史的遡行の中で、ルネサンスを一つの大きな歴史的危機ととらえた。彼によると、危機は歴史的生の中で現れる一つの特殊な変化である。これは普通の変化とは違う。普通の変化は、一つの世代にとって有効だった世界像のつぎに、それとはちょっと違った別な世界像が続く。つまり断絶や飛躍ではなく連続的な移行である。ところが歴史的危機を示す変化は、前世代の世界像、確信体系が放棄され、人間がもはや世界（システム）を喪失してしまうような状況なのだという。危機の人間はこうして昨日まで信じていたすべてのものが否定され、方向を見失う。しかし人間の生は空虚を怖れ、別の何かへの信仰を求めるものだ。おぼろげであってもこの新しい信仰が、生の表面ににじみ出てきて徐々に生に定着しはじめるのである。それでは、人間が今まで信じてきた世界システムを信じるのをやめる、文化をふり捨てるという事態が何故起こるのだろうか。つまり何故危機が起こるのか、危機とは一体何なのか。

オルテガは『ガリレオをめぐって』の中で「変化と危機」というテーマでこの問題を追及する。

そして「生は孤独である」という大前提から、危機が孤独である生と社会との関わりの中で生まれてくる過程を分析した。オルテガはさらに彼の社会哲学の集大成ともいえる『人と人々＝個人と社会』の中では「社会的事実は孤独としての人間的な生の行為ではなく、人間的共存の中から生まれる。……だが共存それだけでは社会的事実ではない。自分たちの創意や意思とは無関係に『慣習』というものが実在する。つまり社会を構成する事実は『慣習』である。そしてその非人称的、不特定の主体は、すべての人、だれでもない人、すなわち『人々』なのである。……」と論じた。

ここでオルテガの社会観、社会哲学を理解する上に、極めて重要なキーワード「慣習」(uso) とは何か。『人と人々』の中からその意味を探ってみよう。

社会を構成する「慣習」

「慣習」という言葉は「習慣」という言葉と共通の根をもっており、両者は切り離せない関係にある。実際には習慣の概念の方が意味深く先行しており、慣習も習慣の一つと考えられがちだ。つまり慣習は、習慣化され学習化された行動のタイプだ。言い換えると、慣習は社会的慣わしのことで、「慣わし」とは、頻繁に遂行されることによって個人の中で自動化される行為を意味する。そしてそれを「頻繁に行う個人の数が多い」とき、そこに慣わしとなった慣習が生まれる。それは一般に話され、考えられ、実行される様々な行為で、時に形式的なものにすらなる。

例えば交通巡査は、われわれの歩行を阻み整理し、われわれはそれに従う。この行為は警官によって生まれるのだが、警官自身がその行為を作ったのでもないしまたその責任もない。「挨拶」も一定の地域で一定のやり方で行われる。それは一般にそのように行われているからやるのであって、その「一般」とは不特定な主体である。オルテガの言う「人々」である。「赤信号みんなで渡れば怖くない」の「みんな」である。その特徴は次の三点だ。

1　誰が決めたのかは分からないが、個人の外部から入ってくる一種の社会的圧力であり強制力を持っている。

2　個人の意思による行動ではない。われわれはそれを受け入れるが、それはわれわれの欲求に基づくものではない。時にはその実行が煩わしくさえなる。ただ一般にそう行われているから従うだけである。

3　多くの場合われわれはこうした行為の意味を理解していない。非合理的で非理性的である。

そしてこの社会的な圧力、強制力、われわれの意思を封じ込む力、これがオルテガの言う「社会的権力」なのである。こうした慣習は、食事、服装、行儀作法、行事、祭りなどいわゆる「風俗習慣」から、挨拶、決まり文句、世論といった「言語習慣」、さらには法律とか国家、戦争、革命、平和が成立する条件である「政治習慣」や「経済習慣」に至るまで、人間のすべての社会的事実を構成しているのである。

そして重要なことは、これらの慣習は人間社会の中に無数に存在することだ。挨拶という慣習一つを例にとってみても、欧米人の握手という単純な行為から、サハラ砂漠に住むトゥアレグ人たちのように一〇〇メートル先から始まって四五分も続く複雑な挨拶や、他種族の者に出会った時に同じパイプで一緒に煙草を吸うというアメリカ-インディアンの挨拶まで、多種多様である。しかも挨拶は人間間に示される「敬意」である。これを欠くことは人を怒らせる。社会や国家の間でも同じことが言えるのである。

歴史的事実は「世代」の交代と継続であるが、こうした歴史的な生の中で、それまでの世界、文化を否定するような特殊な変化が起きる時が「危機」であり、さらにこうした危機は、人間の孤独と、「慣習」を伴う社会との関わり合いから生まれるのである。

政治思想

ここでオルテガの政治・経済・国家観など現実社会に対して主軸となる思想について述べてみたい。

「貴族主義を愛する社会主義者」

オルテガの政治思想は、ただ単純に保守か革新かとか、あるいは資本主義者か社会主義者かといったような短絡的な類別は出来ない。はなはだ複雑かつ微妙な思想的立場である。強いて表現すれば、社会主義的自由主義、あるいは自由主義的民主主義とでも言うべきだろうが、この表現自体が矛盾をはらんでいることは言うまでもない。彼自身は若い頃に「私は貴族主義を愛する社会主義者だ」（一九一三、「エル－ソシアリスタ」紙）と書いたことがある。こうした逆説的な表現を敢えてするオルテガの政治的立場は現実にはどのようなものだったのか。

オルテガはジャーナリストの家系に生まれ、政治問題には若い頃から多大な関心を示した。ただし、新聞や雑誌を通して積極的に評論活動を行ったのは、主として三〇歳から五〇歳までで、自ら制憲議会（コルテス）議員として政治家となったのは四八歳の時。それから二年後に、スペイン第二共和制の衰退と共に議員の職を辞していらい、政治活動はもとより、政治評論活動も一切絶ってしまった。したがって後年のオルテガが、とくにスペイン内戦、第二次大戦、外国亡命を経た苦難の後半生の中で、政治をどのように考えていたのか、具体的に知る手掛りは少ない。しかし彼の初期の言動を中心にオルテガ政治思想の特色を拾い出してみると次のようになる。

まず彼の基本的な社会観は「孤立した個人はありえない」という立場である。オルテガ思想の基本命題「私は私と私の環境」に基づいている。一九一〇年オルテガはスペイン北部ビルバオでの政治集会の席で「個人主義というものはすべて神話だ。孤立した個人は人間たりえない。個々の人間というものは社会から離れては存在しえず、個人主義とは抽象概念に過ぎない」と語った。これには二つのポイントがある。一つはいま述べた「孤立した個人はありえない」ことで、環境から個人を抽出することは人間の社会的条件を否定してしまうことになる。第二のポイントは「孤立した個人は人間として完成出来ない」という視点で、これはアリストテレスの「人は政治的動物である」「生まれながらにしてポリス（都市国家）の中に生きねばならない」という考えと一致したものである。

オルテガの社会主義観

オルテガの初期の政治思想は社会主義に近いものだった。これはドイツ留学中にコーエン、ナトルプ両教授から受けた社会民主主義の影響が強く働いたからだろう。社会主義を「社会における協力、みんなで共に生きる政府」といった素朴な形でとらえ「今日社会主義はわれわれをコントロールし、われわれの理性を支配し、われわれの政治本能を方向づけ、われわれのすべてのイデオロギーを結合させる背景となり得る」（一九一〇、「エル-インパルシアル」紙）と評価した。社会主義が政治思想として機能する新しいイデオロギー的内容を持つ、という考え方はオルテガに一貫してあったようだ。また彼の全著作を通しても、社会主義もしくは社会党に対する攻撃的な言辞はほとんど見出せない。それどころか一九三一年には第二共和制下の議会演説で、「スペインで最も力のある政党は、その尊敬度からみても党員数からみても、社会党である。何故か？　それは党員の利益を犠牲にし、直接の利益に合致するものでないように振舞いながら、利益を越えての要求を受け入れているからである」とまでの賛辞を浴びせた。

しかし重要な点では、社会主義に好意的立場だったとはいえ、彼は一貫して社会の階級分析について一切触れなかったことである。彼は当初からこの点では一線を画していた。一九一〇年「今日唯一の道義的に容認出来る国家は社会主義国だ」とまでの肩入れ発言をしながら、一方で「真の社会主義者はカール＝マルクスだということにはならないし、そう確認する必要もない。労働者の党が唯一の完全に道義的な政党だということにはならない」と明言（一九一〇、「エル-インパルシアル」紙）した。オルテガの社会主義観は、この点で真の社会主義者の考えとの間に最初から越えがたいミゾがあったのである。

オルテガのスペイン改革構想にとって、マルクス思想または社会主義教義のいくつかは、受け入れられないばかりか、妨げにすらなった。具体的には階級、及び階級闘争の問題だった。その最も顕著な例が、コミュニティ（共同社会）の解釈をめぐる見解の相違であった。マルクスにとっては、コミュニティ観念には階級意識の創造が含まれていた。したがって「社会のあらゆる利害を代表する」コミュニティなどというものは考えられなかった。資本主義の下では社会の中での利害の一致など有り得ないことだからである。一方、オルテガにとっては、コミュニティは階級間の闘争とは何の関わりもなく、むしろ近代スペインの建設という仕事に「あらゆる階級を団結させること」だった。一九〇九年、オルテガはスペイン社会党本部に招かれて講演した際、次のように語った。

「私は諸君を驚かせることになるかもしれないが、諸君は社会主義の中心的フォーミュラは階級闘争だと教えられてきた。この理由の故に、私の心は諸君の心と兄弟であっても私は諸君の党には組みしない。われわれを隔てている唯一つの言葉は、諸君はマルクス社会主義者であり、私はマルクス主義者ではないということだ。」

オルテガの政治思想の中で長年にわたった中心テーマは「労働の原則」であった。これは一言で言って、国づくりの仕事はすべての人間が働くことだ、との考え方である。「もし社会が協同組合であるなら、そのメンバーは何をおいてもまず働かなければならない。働かない者は社会に参加出来ない。これは社会主義の中に民主主義が根づく原則である」（一九一〇、エル・シティオ演説）という。最初から労働者はプロレタリアートだとする考え方には同調せず、社会主義はわれわれすべてが自分を労働者と考えることによってのみ可能なのだ、というのである。オルテガのいう労働者とは、マルクスのいう、手仕事労働者の概念とははっきり違う。生産手段の所有者つまり資本家と、労働者、という古典的な区分を試みたとき、オルテガの考える労働者には資本家すらが含まれると言えるかもしれない。

このようにオルテガは、表向き社会主義に同調するような姿勢をみせたが、いわゆる「社会主義イデオロギー」から距離を置いていたことは明瞭である。マルクスは、階級としてのプロレタリアートの特色としてその国際性に力点を置き、これが当時のスペイン社会に大きな影響を及ぼしていた。「社会主義は一国だけで可能ではない。正統社会主義はその国際性が売り物であって、プロレタリアートには国はなく階級だけしかない。」

これに対してオルテガは「プロレタリアートの渇望は、国家建設を通じてのみ達成される。資本主義構造が完全に発展することが唯一の条件であり、社会主義はその構造の下で勝利の希望が持てるのだ」（一九一二、「エル・インパルシアル」紙「多元社会主義者」）と述べ、スペインの資本主義の発展について論ずることこそが、スペインの社会主義の到来にとって必要条件だと主張した。マルクスが、社会主義の前提条件として資本主義の崩壊を予見していたことは、改めて言うまでもないだろう。オルテガの立場は全く異なり、資本主義の発展は社会の要望に応じた物質的富の総額を増やすことになる。この富から労働者階級は究極的に利益を得るのだ、と考える。この考え方こそオルテガ独自のもので、「滲出《しんしゅつ》（トリクル・ダウン）理論」と名づけられるものである。つまり社会が富めば富むほどすべての人々に好ましい結果が生まれる。階級がどうであれ、この富は最終的にはあらゆるレベルを通して滲み降りて行くからである。

トリクル・ダウン理論

この考えが伝統的な社会主義思想と一致しないことは言うまでもない。例えば労働者階級が待遇改善のために行うストライキやデモは、効果的な武器にはならない。何故ならこの方法は生産を阻害し、生産過程を破壊し最終的には労働者階級自体の不利益にさえなるからだ。社会主義は労働者階級の解放よりも国家建設を重視せよ。……これが一言で言ってオルテガの基本的政治姿勢であった。そして第一次世界大戦の勃発はオルテガにとっては社会主義のインターナショナリズムに終止符を打つ絶好のチャンスと受け止められた。

一九一五年五月一日。メーデーの日にあたってオルテガは「エスパーニャ」紙に「労働者の祭典」と題する一文を寄せた。「今年はインターナショナル労働者の祭典がぶち壊され、金持ちも貧乏人も、フランス、ベルギー、ポーランド、ガリシアの塹壕の中で共に生きる日となった。労働者たちが学ぶべき教訓は、物事がカール＝マルクス思想のいうように単純ではない、ということだ。」そしてスペインの労働者は、いまやインターナショナルなどといった抽象論を捨てて、プロレタリアートとしてだけではなく、スペイン人としても被害を被っている事実に目覚め、社会党をスペイン最強の党に育てる努力をしよう、と訴えた。「『共産党宣言』は幻想と人を引きつける上で素晴らしい書物である。しかしそれだけである。現実は復讐する」（一九二〇、「エル・ソル」紙）。

自由主義と民主主義

オルテガは労働者階級の物質的条件が改善されることは大いに歓迎するが、その反面、「階級のない社会」あるいは「平等主義社会」の実現については批判的だった。むしろ「階級制度は人間の存在にとって不可欠な社会構造だ」と考えていた。オルテガは貴族制政治の時代は終わったと感じながらも、一方で貴族主義制度の下にあった階級意識に、質こそは違うが、一種のノスタルジーを抱いていたようだ。「資本主義の通過にともなって、階級は戻ってくる。しかしそれは経済的な階級ではない。人は金持ちと貧乏人とには分けられないが、善と悪とには分けられる。芸術、科学、人間の優雅さ、道義的エネルギーが再び社会的な価値となるのだ」(一九一三、「エル・ソシアリスタ」紙「社会主義と貴族主義」)。身分的意味でも経済的意味でもない階級、それは『大衆の反逆』その他でオルテガがくどいほど強調した、文化的、精神的、人間的な差による階級のことである。

「衣食足りて礼節を知る」

東洋の諺に「衣食足りて礼節を知る」という言葉があるが、フランスにも「家賃が払えるようになって、はじめて徳とは何かが考えられる」という意味の詩がある。オルテガはそれを引用しながら「文化は、生活の最小限の物質的基準、生活のための最低限の要求が満たされてこそ可能となる。

だからわれわれは社会経済をより豊かにしなければならないのだ」と言う。「物質的繁栄は目的に至る手段であり目的そのものではない」のである。したがってオルテガが望む物質的繁栄は、経済的な目標ではなく文化的な目的を優先させている。極言すれば、オルテガにとって社会主義は、社会あるいは国家の文化的水準向上のための手段であって、目的ではないとも理解出来る。ここで浮上してくる問題が人間の「自由」についてである。

「社会主義的自由主義」

自由とは一般的には何々からの自由、ある種の抑圧からの自由、といった意味合いで使われる言葉だ。例えば特定の個人あるいは国家の干渉からの自由、というように「自己の私的空間への他者の強制的介入に対する自己防御」を本質としている。これはイギリスのJ＝S＝ミル（一八〇六～七六）の考えで、オルテガも同じ考え方に立っていた。例えばヨーロッパの伝統的な経済観念の一つである「自由放任（レッセ-フェール）主義経済」は、結果として不平等性を生みだす。経済効果のいわばマージンである。社会主義の立場からすれば、こうした不平等性を減らす役割を国家がはたすべきで、過剰利得に対しては収入税など課して福祉制度の財源に充てるべきだと考えるだろう。こうした問題に関連してオルテガは、自由主義と社会主義との対立は避けられないものと感じていた。「社会主義は、ラッサール（一八二五～六四）が唱えた国家の介入原則表明によって、個人主義的自由主義との宿命的な敵対関係に入る」（一九一二、「エル-インパルシアル」紙「多元社会主義」）と述べた。そして不平等性はむしろ国家が介入したからこそ生まれたのだとみなし、自由主義は、逆に市民社会から国家を除外し、それによって社会の公平を保つ考え方だと強調した。だから国家の介入を排除し、階級闘争の理念を放棄する限り、政治思想としての社会主義は、オルテガにとって反対すべきものではなかった。ここにオルテガ本来の自由主義と、社会主義との接点があったのである。

先に述べたように、自由主義の本質は「個人の私的空間」を防衛することである。そしてこの「個人空間」はいつの時代にも変わるものではないし、その意味は深い。「人はすべて真実を持っている。しかし私の目が見る真実は他人には見えない。真実それ自体は個々人のパースペクティヴの中にあるのだ」(『真実と遠近法』verdad y perspectiva 一九一六)。したがって「人間の権利」を振りかざす平等主義的な個人主義は、オルテガにとっては空虚な議論に過ぎなかった。「真の個人主義とは、各個人が違っているだけではなく、違ったものになる」ことであって、平等とは無関係なのである。これこそ個人主義的自由主義の核心である。しかしこれが政治思想として具現化された場合、オルテガの目指す社会的繁栄、社会改革には結びつかない。個人と集団(国家)との対立関係を克服することがオルテガの課題だった。そして「今日唯一の可能な自由主義は、社会主義的自由主義」(一九一七、「エル・ソル」紙)という難解かつ矛盾をはらんだ表現を敢えてしたのだった。

民主主義は無制限な権力

一方民主主義とは何か。オルテガは「民主主義」と「自由主義」とを厳密に区別した。民主主義は、だれが主権者であるべきかを扱うものであり、自由主義は、その主権力がどの範囲にまで及ぶのかその限界を扱うものである。この両者は全く異なった次元での設問に対する考え方であって、本来無関係のようにみえる。しかしオルテガは民主主義の特徴を分析した結果次のような結論に達した。すなわち「主権力が無制限に拡張されるのが純粋な民主主義の特徴である。民主主義こそ反自由主義である。そしてこのことはペリクレス（前四九五ごろ～前四二九）の昔から今日の共産主義に至るまで変わっていない」（一九三一、『観察者』）。

このようにオルテガは民主主義を無制限な主権力（国家権力）とみなすことによって、自由主義と民主主義の関係を、個人対国家の関係に対比させた。したがって彼の政治思想の推移は、彼が個人と国家のどちらに比重を置いたかにかかっていた。言い換えると、自由主義を「干渉からの自由」というネガティヴな観点からとらえたか、あるいは「完全な人間としての発達のための自由」というポジティヴな観点でとらえたか、によって彼の政治思想は変化したと見てよいだろう。もし後者の観点に立てば、例えば教育制度改善のための増税のようなアイディアが生まれるのだが、このことは個人への国家の干渉を意味することになり、正直いってオルテガは、政治的自由についてどの道を歩むべきか迷ったようである。しかし自由の存立のための条件としてオルテガは「少なくとも自由に関心を持つ以上、それが二重の義務を持っている点を認めなければならない。つまり、個人が完全な公正さをもって行動すること、国家が個人の自由を行使するより良い機会を与えること、の二つである」（一九一八、「エル＝ソル」紙）と結論づけている。

ミルへの共感

オルテガが民主主義を無制限な権力へ繋がるシステムだと憂慮する背景に、もう一歩踏み込んでみたい。彼は一九一二年「エル-インパルシアル」紙への連載記事の中で、民主政治の問題点をいろいろと指摘した。まず「多数派支配の原則」に関連して、「多数意見」というものは、意見を実行する上でのエネルギーあるいは能力については何も説明しない単なる「数値観念」でしかない、と考えた。「意見の背後にあるエネルギー」とは何を意味するのか詳しくは説明していないが、現実の政治的行動力もしくは社会的影響力とでも解釈すべきなのだろう。例えば選挙に際しての一人一票制度の問題である。大学教授も平凡な主婦も同じ一票でよいのか。J=S=ミルは、代表的政府を選ぶ過程で、ある人々（より知的な人々）は他の人々よりも、より重い票を持てるような複数投票制にすべきだ、と述べたが、オルテガもこれに賛同していた。さもないと無定見で無知な大衆が、数で多数派集団を形成し、やがて社会的権力を握る……「多数派による暴政」への危惧にほかならない。

第二の問題点は、選ばれた結果を是認しそれだけに満足してしまう状態への不安である。第一次大戦前まで、議会は二流の資質の人々の勝利を意味するところと誰もが感じた。代議士は選挙で当選することがすべてで、政治家に政治家としての資質を要求する必要がなくなった。議会民主制度の中で、政治家は選挙で勝つことだけが必要であり満足すべきものになってしまった。これでは社会や国家の進歩、発展は何も期待できない。しかしこのような議会制民主主義が不十分なものだからといって、これを単純に放棄することは出来ない。近代民主国家は議会なしでは統治できないの

J＝S＝ミル

である。そこでオルテガは突飛かつ大胆な改革試案を考えついた。まず「議会は始終開くべきものではなく、威厳を保つべきだ。重要でない些細な問題には関わりを持たず、距離を置くべきだ」とする。そして「議員四〇〇人は多すぎる。こんなに大勢の人間の間で正当な議論をすることは不可能だ」とし、一九二四年、彼は四〇〇人の議員を二〇〇人に減らす案を出し、さらに二年後には、最適の人員規模は九〇ないし一〇〇人だとまで言い出した。

オルテガの議会改革案は言うまでもなく「強力な政府」を作ることを目的としたものだが、彼が最も恐れたのは、成長し過ぎた国、無知の多数派による専制政治、つまり衆愚による支配だった。この考えは『大衆の反逆』でこと細かに論じられる訳だが、じつはこれとJ＝S＝ミルの考え方とは極めて似通っていた。二人の共通の悩みは「大衆の集団的衆愚化」であり、ミルは『自由論』（一八五九）の中ですでに「全世界を通じての一般的傾向は、人類の中で愚衆に上昇的権力を与えていることだ。いまや個人は群衆の中に見失われた」と書いている。なんとオルテガの論法と似ていることか。二人とも自由が抑圧される歴史的条件の中に生きた。そしてその対処の仕方として、結果的に二人とも「エリート主義的自由主義」を選んだのだった。それは、すべての個人ではなく選ばれた個人の価値に重点を置くというもので、民主主義とは基本的に相容れない思想であった。

エリート主義とオルテガの立場

オルテガ思想の根幹にあったこうした「エリート主義」は、二〇世紀初頭のヨーロッパ思想界全体の中に見られた一つの流れでもあったようだ。ニーチェもル＝ボン（仏社会心理学者、一八四一～一九三一、代表作『群衆心理』）も、民主主義の脅威と大衆批判をテーマに種々の著作を公けにしていた。この中でオルテガの存在も注目の的となっていた。とくにスペイン国内では当時誕生したばかりのファシストたちが、オルテガ思想を彼らの運動の理論的根拠に利用することになった。オルテガ自身、プリモ＝デ＝リベラ右翼独裁政権が出現したとき、これをスペインの古い政治体質にとって「短くて鋭いショック」と表現して、間接的に支持する姿勢をとったほどだが、この頃オルテガは、「歴史のある時点で独裁制が必要になることは十分にありうることである。これはスペインに限らずフランス、イタリア、ドイツにもあったことだ。……政治思想と社会情勢が複雑化すると、議会の母体は無数に分散・分断されてしまう。議会は建設的なことは出来ずもっぱら批判と防御の道具となってしまうからだ」と述べていた。

こうしてオルテガは、ひところファシズムの教祖、理論的父であるかのように見られた時期があったが、やがてそれが大きな間違いであることが明らかになる。一九三一年オルテガは「共和国奉仕集団」を結成した時に次のような宣言文を公けにした。

「ファシズムもボルシェヴィズムも、人々を死へ赴かせる道標である。これらの思想は誕生しても直ちに暗闇状態に陥るだろう。何故ならこれらの思想は、人間社会というものが、厳しい強制の下でではなく、自然発生的な熱意によってはじめて、大きな成果を挙げることの出来る、歴史的事業体だということを、完全に忘れているからである。……」こうしてオルテガは、決定的にファシズムを拒否した。同時にソヴィエト政権を生んだボルシェヴィズムをも否定した。

イギリス保守主義の父といわれたエドマンド＝バーク（一七二九〜九七）は「フランス革命は、慣習や伝統の蓄積を顧慮しながら事柄を判断してゆくという人間の重要な性質を忘れ、過去との急激な断絶の上に新たな政治社会を作ろうとするもので、人間性の荒廃以外の何ものでもない」とその主著『フランス革命についての省察』（一七九〇）で述べた。オルテガもまた、現在にとって大事なことは過去に作られた基礎であり、過去を全面的に破壊することは歪んだ現在を作り出すという結果を招く、という信念を持っていた。だがその反面でオルテガは、疲弊しきったスペインの文化的復興、近代化を訴え、そのための社会改革と進歩を唱え続けていた。したがって保守主義者ではない。ただ彼独自の反ユートピア主義、反建設主義は、極左や革命戦略が要求した「全面的変化」を真っ向から否定したのだった。

こうした立場からオルテガは、フランス革命で革命と反革命という相反する力関係の真っただ中で議会を牛耳ったミラボーを尊敬し『ミラボー、即ち政治家』を書いた（六四頁参照）。二〇世紀初頭の混乱するスペイン政治情勢の中で、オルテガが辿った道は、人道主義的自由の思想に立脚した自由主義的民主主義、もしくは自由主義的社会主義とでも言うべきだろうか。

国家論とヨーロッパ統合

オルテガは国家の形成を論ずるにあたって、「国家」(エスタード estado)と「国民社会」(ナシオン nación)という二つの言葉を使い分けているが、前者は社会の中で慣習として成立した行政組織という静止的概念であり、後者は特定の歴史的現実を背景とした国民とその領域という動的な概念と考えてよいだろう。

国民国家形成の基礎

ある「国家」が誕生する場合、そこには最初にいくつかの小さい共同体が存在している。それぞれ自分の共同体内部に役立つ社会構造しか持っていないが、やがてこうした孤立状態から他の共同体との共存、とくに経済面での共存が必要になってくる。各共同体に属する人々はもはや自分の共同体だけに依存して生きるのではなく、他の共同体との新たな関係によって生きる。この場合従来の共同体内部に見られた社会形式、例えば法律、宗教、諸慣習は、それぞれの共同体内部に対しては有効に働くが、共同体外部と共存する際にそれらは無意味となり、むしろ邪魔になる可能性がある。こうした状況で国家が成立するには、対内部的共存の社会形式を否定し、新しい外的共存に適した社会形式をそれに置き換えていかなければならない。これが「国民国家」である。

「国民国家の創造は、いくつかの民族の知性が、共存の一形式である伝統的な共同形態を捨て去るだけでなく、いまだかつて存在しなかった新しい共存形態を創造することが出来なければ達成出来ない。……つまり血縁関係によって作られる自然発生的な共存状態ではない。国民国家が生まれるのは、出生地を異にするいくつかの集団が共存を余儀なくされるときだが、その場合全集団が一つの共通の課題、先導的な計画を持つことを前提としている。人々は一緒に何かをするために呼び集められるのである。つまり、国民国家とは一つの行為の計画であり、共同作業のプログラムである」(『大衆の反逆』)。

フランスやスペイン、ドイツなどいわゆる「近代国民国家」は、もともとそれぞれの血や言語あるいは地域が同じだったから近代国家に統一されたのではない。逆に国家統一の結果これらの言語的、血縁的共同体が生まれたのだ、とオルテガは強調する。「国民国家を形成した力は、血でも言語でもない。赤血球(血)や音声(言語)の差異を平均化したのは、むしろ国民国家のほうである。それにも拘らず人々が、血と言語を国民性の基礎だと考えるのは誤っており、事実を率直に認めようとしない強情さだ」と批判する。

共同生活のプロジェクト

オルテガは『世界史の一解釈』をはじめ、多くの著作や講演の中で、トインビーの歴史観をいろいろ批判したが、その中でもとくにこの「国民性」「国民意識」についてのトインビーの解釈、つまり「部族主義という古い皮袋の中で、新しい民主主義という葡萄酒が発酵して苦くなったもの」という定義に、反発している。そして、国家形成の力は一種「神的な」特殊な才能であり、命令的な要素を持つ支配力だという。この才能は、学問的知識とか空想力とか宗教的な性格のものではなく、「愛することの出来る力」である。つまり支配するということは、単なる説得でもないし強制でもない。両者を兼ね備えていなければならない。強大な力だけに頼って国家を作っても、それは歴史的に偉大な足跡を残すことは出来ない。似て非なる統一に終わってしまう。チンギス＝カンやティムールが築いた巨大なモンゴル帝国と、アレクサンドロス大王やカエサル、ナポレオンらがつくった古代ギリシャ・ローマや西欧近代国家とを比較してみよう。力の序列から言えば、極東からコーカサスまで世界の半分を支配したチンギス＝カンは群を抜いている。しかし彼は読み書きも出来ず、宗教も知らず、思想もなかった。タタール帝国の命運が剣の支配下でしか続かなかったのに対し、カエサルの事業はその後幾世紀も長らえ、数千年に及ぶ影響を歴史に残したのだと、オルテガは強調した。

このように真の統合、国家づくりにあたっては、力は付随的な必要要素に過ぎず、統合を実際に推進し活力を与える要素は「国家の教義、すなわち共同生活を呼びかけるプロジェクト」なのだという。国民国家を構成する諸集団は、共同で何かを成すために一緒に生活をする。国家の存在にとって必要なことは、過去の伝統的遺産ではなくて、明日への計画なのだ、とオルテガは主張した。この考え方は終生変わらなかった。一九四九年、第二次大戦の敗戦国ドイツの国民を前に、ベルリン自由大学で行った講演「ヨーロッパ論」の中では、こうした国民国家論をさらに発展させて、ヨーロッパ的慣習の体系からなる大ヨーロッパ社会という次元と、それぞれ違った各国固有の慣習体系を持つ社会の次元という、二重構造の中に住む現代ヨーロッパ人の在り方について夢と希望を述べる。ヨーロッパ合衆国論がその一つである。

戦争と平和について

オルテガは一九一六年、友人の哲学者シェーラーが書いた『戦争の才能とドイツの戦争』について批評した論文を「観察者」に掲載したが、この中で「戦争と平和」についての考えを明らかにした。また第二次大戦直前の一九三七年、『平和主義について』(En cuanto al pacifismo) と題する評論を発表し、「戦争が国際紛争を解決するための『最終手段』である」と強調すると同時に、「安易な平和主義は夢想的であり危険だ」と警告した。そのポイントをいくつかまとめると次のようになる。

＊戦争はある種の紛争を解決するために人間が考案した手段であり、慣習の一つだ。

＊国際社会の中の権力闘争、言い換えると集団的権力再配分の要求を、規制できる正義の原則が存在しない限り、すべての平和主義は片思いである

＊国際紛争解決の手段には、外交交渉、仲介、裁判などの平和的手段と、戦争という強制的手段とがある。平和的手段で解決出来ればそれに勝る方法はない。したがって戦争はあくまでも最終手段である。

＊平和は法である。国際間の交際の形式としての法である。しかし戦争はそれ自体がまだ法の対象になっていない。

ヨーロッパ合衆国の必然性

オルテガはこの『平和主義について』を「英国人のためのエピローグ」として『大衆の反逆』にあとから追加した。この時点でヨーロッパの地平線にはすでに新たな大戦を予測させる暗雲が立ちのぼっていた。彼は、ヨーロッパに平和をもたらす一つの考えとして、「超ヨーロッパ国家」の建設を訴えた。『平和主義について』の末尾部分で彼は言う。

「私は『大衆の反逆』の中でヨーロッパの正当な政治的統合を目標とする一つの新しいヨーロッパ人の共同生活形式について述べ、いずれその時が来るだろうと予告した。これは従来の抽象的な国際主義とは全く違うヨーロッパ理念である。ヨーロッパは国家間（inter-nacionalidad）同盟ではない。国家間同盟は、歴史が明らかにしてきたように、空洞であり真空に過ぎず、何ものも意味しない。ヨーロッパは国家の次元を超えた『超（ultra）ヨーロッパ』でなければならない。諸国家を水平化するのではなく、統合するのである。そうすればヨーロッパ全体の多様、多面的なレリーフが保全されるのである。……」

オルテガのヨーロッパ統合思想は、彼の膨大な著作の随所に現れる。彼は今世紀のヨーロッパ思想家の中でも最も熱心な統合論者の一人といって過言ではないだろう。『大衆の反逆』の第二部「世界を支配しているのは誰か」の中では、ヨーロッパ統合の必然性について、民族、宗教、政治を含めた文明史的な観点から、本格的に語ってる。彼はまず、ヨーロッパの諸民族が、はるか昔から一つの社会集団であったことを強調する。ヨーロッパ的風俗や習慣、慣習、法律、公権力というものが、言い換えれば「ヨーロッパ社会」の方が「ヨーロッパ諸国」よりも以前に存在していた、

ローサ夫人と　オランダにて。1949年

というのである。だからこそ彼は、「私はヨーロッパ合衆国という概念が、取るに足らぬ幻想の一つかもしれないことを否定はしない。しかしこれは私の空想でも理想でもない。これは理念ではなくて、長い歴史を持つ日常的事実、つまり歴史的現実なのだ」と主張する。そして「これを押し進めるきっかけは何であってもよい。例えばそれがウラル山脈に現れる中国人の弁髪であっても、あるいはイスラム教徒の大きな新月刀の一振りであっても、そうした機会になりうるのである。そしてこの超国民国家の形態は、古代都市国家と近代国民国家との相違のように、これまでの既存の国家形態とは非常に異なったものになるだろう」と予言した。

今から六〇年前のオルテガのこの予言は、今日のヨーロッパ世界をめぐる情勢を不気味なほど正確に言い当ててはいないだろうか。ＥＵ（ヨーロッパ連合）は、遅々としてではあるが着実に、その歴史的現実としての目標完成を目指している。一方、中国文化圏やイスラム文化圏の台頭も、歴史的現実としてクローズアップされつつある。

オルテガのヨーロッパ観を集約する言葉として、一九四九年のベルリン講演の中の一節を紹介しよう。

「ヨーロッパの均衡とは大きな謎であり同時に矛盾であります。何故なら力の均衡は本質的に複数性の存在という現実に立脚しているからです。もしもこの複数性が失われたらあの力学的な統一体は消滅するでしょう。ヨーロッパは歴史の上空を飛翔する群蜂です。多くの蜂が一つになって飛んでいます。ヨーロッパの複数性が持っているこの一元論的な性格を、私は良き同質性と呼びたい。それは豊かで望ましいものであり、モンテスキューをして『ヨーロッパはいくつかの国で構成されている一つの国である』と言わしめ、バルザックに『名状しがたい文明の神秘にすべての努力が向けられている大陸の大家族』といわしめたものであります。それらの国々を光に透《す》かして眺めますと、ヨーロッパ社会が見えます。……」

オルテガと現代

「私は私と私の環境」という命題から出発したオルテガの「生」の哲学思想は、以上に述べてきたように、純粋な自由主義観念を基礎にした独自の社会観、国家観、政治思想に発展したのだが、こうした考え方が果たして現代の世界各国の社会・政治状況にも適応できるのかどうか。当然のことだが、時代認識に若干のズレが生ずるのはいうまでもない。

まず第一に、オルテガが生きた一九世紀末から二〇世紀前半までの時代と、二一世紀を目前にした今日とでは、国際環境や時代認識が全く異なる。オルテガは今世紀初め『大衆の反逆』で、行き過ぎた民主主義の結果、大衆が政治支配に及ぶと全体主義やファシズムを生む危険があると警告し、その予言通りにヨーロッパはイタリアやドイツのファシズムを生み、第二次大戦の悲劇を経て荒廃の地と化した。しかしそれから半世紀たった今日、オルテガが警戒し批判の対象としていたボルシェヴィズムのソ連は、大方の予想以上に早く内部崩壊してしまった。ヨーロッパはほぼ安定した民主社会を形成、オルテガが夢見たヨーロッパ合衆国の理想は、遅々とした歩みではあるが着実にその実現に向かって進んでいる。つまりオルテガが抱いた危機感は、大衆社会内部の自浄作用によって、大幅に緩和されたと言えないこともない。

しかし今日の世界秩序はかつてない不透明さを特徴とし、それぞれの地域社会の内部構造も、例えば貴族対平民、指導者対大衆、資本家対労働者といったような古典的カテゴリーに単純に分類することはできない。オルテガ自身の言葉を借りれば「社会の歴史的水準の上昇」のスピードが予想以上に速く、大衆が「凡俗であることの権利」を主張する段階をすでに通り越してしまった。良かれ悪しかれ大衆社会は、熟成から変質の過程に入っているといえる。その顕著な例が今日のアメリカであろう。

アメリカの歴史学者・文明批評家のクリストファー＝ラーシュ（一九三二〜九四）は、死の直前に書き上げた『エリートの反逆、民主主義の裏切り』（The Revolt of the Elites and the Betrayal of Democracy）の中で現代アメリカ社会を批判し「今日の民主主義を脅かしているのは、かつてオルテガが指摘したような大衆ではなくて、エリートたちなのだ」と主張した。これらのエリートとは、オルテガが意味したエリート（人間の質が優れた人）とは違う。金銭、情報、思想、市民権、慈善事業から教育機関にいたるあらゆる「モビリティー」（流動性）を組織し管理する一群の人々のことで、彼らには特定の国や国土とのつながりがない。本来アメリカ国民の大半が抱く理想、言い換えればアメリカン‐ドリームを実現した人々なのだが、今や彼らは孤立し、伝統的なミドル‐アメリカを排し、国を分裂させ、すべてのアメリカ市民の理想である民主主義を裏切っている。そして現代アメリカは、民主主義に代わってこうした「メリトクラシー」（Meritocracy＝能力主義、実力本位のエリート）の時代に入りつつある、と指摘する。さらにラーシュは、現代アメリカに関する限り、オルテガがいう「義務感や歴史的責任感に欠如し、優れたものの足を引っ張り、ただ凡俗であることの権利のみを主張する」傾向は、社会の中間層や下層の人々ではなく、これら上層部の人々に見られ、こうした階層の出現をおそらくオルテガは夢想だにしなかったに違いないと述べている。

このような新しい階層が生まれたとすれば、その原因の一つはオルテガの時代には想像も出来なかったほどの科学・技術の急速な進歩・発展であり、経済社会の構造変化、とくにマスメディア産業の発展による高度の情報化社会の出現であろう。そして今日の日本の政治・社会状況は、オルテガが指摘した大衆社会の欠陥、超民主主義の危機要素を多分に内蔵しつつも、アメリカとは違った日本文化の伝統に根ざす新しい民主社会を摸索中といえるのではなかろうか。

あとがき

「オルテガについて書かないか」と、東京教育大学名誉教授の小牧治先生から最初にご推薦頂いた時、正直いって私は、とんでもない、私などがこの大思想家について書く能力も資格も全くないので、即座にお断りしなければならないと考えた。理由は二つ。一つは、私は哲学や社会思想を専門に学んできた人間ではないこと。いま一つはスペイン及びスペイン語についてほとんど無知に近い、ど素人であるからで、このような重要な仕事を軽々しくお引き受けすることは、道義的にも許されないと思ったからだ。

しかし一方で、「はじめに」でも述べたように、私にとってオルテガの名前はジャーナリスト時代の四〇年以上前から脳裏に焼きついてきた存在であり、これを機会に彼の著作をじっくりと読み直したい衝動にも駆られた。そこで数日間熟慮したあげく、思い切ってこの仕事をお引き受けすることに決めた。「群盲象を評す」の譬《たと》えそのものであり、まさしくラ＝マンチャ平原に立つ風車目がけて槍を構えて突進するドン＝キホーテの心境であった。約二年の歳月をかけてオルテガの主要著書ならびに関連資料を読みあさった。一九九三年冬と九四年夏には、あらためてスペイン国内を旅行し、出来るだけ多くのオルテガ所縁の地を訪れた。

私がオルテガに親近感を抱いたのは、彼が一哲学者であり思想家であった以上に、彼の真の意味でのジャーナリストとしての、優れた嗅覚と緻密な分析力に魅了されたからだった。ファシズムやボルシェヴィズムの野蛮性を早くから指摘し、その崩壊を予言していたこと、近代ヨーロッパの形成にあたって、フランス、ドイツを軸とする二裂葉構造を明確にし、近未来のヨーロッパ統合の必然性を見抜いていたこと、世界情勢の中での中国やイスラム勢力の台頭など、今日の世界の視点に立って考えるとただその炯眼《けいがん》ぶりに敬服するのみである。オルテガは『世界史の一解釈』の中で、いわゆる国際関係専門家という職業に好感が持てないと言い切っている。理由として、伝えられる事実がしばしば誤りであること、諸事実の関連性を十分に説明していないこと、それにも拘らず諸大国がこうした情報を過信していること、などを挙げている。国際関係を専門にしてきた筆者にとっては、まことに耳が痛い警告である。この言葉を糧として今後の研究を進めたいと痛感している。

本書で扱った外国の地名・人名の表記は多く日本での慣習に従って表記した。スペイン語の発音については、現地の人々の意見を参考にした（例えば、オルテガの名字は、「ガセー」あるいは「ガセート」とも聞えるが、オルテガ財団の人々の意見で「ガセット」とした）。またオルテガに関連する重要事項は出来るだけスペイン語の原語を併記するよう心がけた。

本書を執筆するにあたっては、主として白水社刊『オルテガ著作集』（全八巻）とスペイン語版『オルテガ全集』（アリアンサ社刊、全一二巻）、ドイツ語版『オルテガ全集』（シュトゥットガルト、ドイツ出版社刊、全六巻）を中心に、米英日数種の文献を参考にした。写真はマドリッドのオルテガ財団理事長で故オルテガ教授の愛嬢ソレダード＝オルテガ女史の許可を得て同財団発行の写真集『José Ortega y Gasset. Imágenes de una vida 1883—1955』から抜粋したもの、上智大学アンセルモ＝マタイス教授の好意により使用させて頂いたもの、さらに筆者自身が撮影したもの、などである。

本書が完成するにあたって、小牧名誉教授や清水書院の清水幸雄氏をはじめ、いろいろとアドバイスを頂いたマタイス教授、東京大学名誉教授増田義郎氏、さらにオルテガ財団のソレダード＝オルテガ理事長、アントニオ＝ラモス事務局長、マドリッドで筆者のために諸便宜を計ってくれたヨランダ＝タバネラ女史の皆さんに心から感謝の意を表したい。また清水書院編集部の徳永隆氏らのご尽力にもお礼を申し上げる。

一九九六年五月

渡辺　修

オルテガ年譜

西暦	年齢	年譜	参考事項
一八八三		5・9、ホセ＝オルテガ＝イ＝ガセット、マドリッドに生まれる。	ワグナー、マルクス死去。ヤスパース、ケインズ、ムッソリーニ生まれる。 ニーチェ『ツァラトゥストラかく語りき』
九一	8	マラガのイエズス会系の学校に入学。	ドイツ社会民主党、エルフルト綱領採択。 日本、大津事件。
九七	14	ビルバオのデウスト大学入学。哲学と法律を専攻。	スペインでカノバス暗殺。 日本で金本位制実施。
九八	15	ウナムノに認められ、交友始まる。 マドリッド大学に移る。「一八九八年の世代」活動開始。	米西戦争勃発。スペイン、敗北し、キューバ、プエルト＝リコ、フィリピンなどの植民地すべてを失う。
一九〇二	19	マドリッド大学卒業。	スペイン、アルフォンソ一三世即位。 シベリア鉄道、全通。

一九〇四	21	論文「紀元一〇〇〇年の恐怖——ある伝説の批評」で博士号取得。ローサ=スポットルノ=トペーテと交際。	日英同盟成立（〇二）。日露戦争勃発（〜〇五）。ヴェーバー、『プロテスタンティズムの倫理と資本主義の精神』
〇五	22	スペイン政府の奨学金を得てドイツに留学。ライプツィヒ、マールブルク、ベルリン各大学で勉学。「エル‐インパルシアル」紙に「独裁主義と民主主義」など多くの政治評論を寄稿。	ガウディ、「カサ‐ミラ」建設開始。孫文、中国同盟会結成。ポーツマス条約調印。ウナムノ、『ドン=キホーテとサンチョの生涯』
〇八	25	ドイツより帰国、マドリッド高等師範学校の教授に就任。	イギリス、自由党アスキス内閣誕生。ジンメル、『社会学』
一〇	27	ローサ=スポットルノと結婚。マドリッド大学形而上学教授に就任。『楽園のアダム』発表、講演『政治計画としての社会教育』	イギリス、ジョージ五世即位。日韓併合。ジンメル『哲学の主要問題』
一一	28	文部省より一年間、ドイツのマールブルクに派遣される（第二回ドイツ留学）。	ディルタイ『世界観の諸類型』 西田幾多郎、『善の研究』
一四	31	「スペイン政治教育連盟」結成。講演『古くて新しい政治』。『ドン=キホーテに関する省察』刊行。	第一次世界大戦勃発（〜一八）。スペイン、中立を保持。
一五	32	「エスパーニャ」誌創刊。	アインシュタン、『一般相対性理論』

一九一六	33	父ムニーリャとブエノスアイレス訪問。『観察者』（エル-エスペクタドール）第一巻。	フロイト、『精神分析入門』 レーニン、『帝国主義論』
一七	34	「エル-ソル」紙創刊。『観察者』第二巻。	ロシア革命おこる。 アメリカ、第一次世界大戦に参戦。 クローチェ、『歴史科学の理論と歴史』
一八			シュペングラー、『西洋の没落』
二一		『無脊椎のスペイン』刊行。『観察者』第三巻。 「エル-ソル」紙に「ドン=ファン入門」寄稿。	中国共産党結成。 魯迅『阿Q正伝』
二二	39	父ムニーリャ死去。	ムッソリーニのファシスト内閣成立。 ワシントン海軍軍縮条約、九か国条約。 ソヴィエト連邦成立、スターリン書記長に。 シュペングラー、『西洋の没落』第二巻
二三	40	「西欧評論」（レビスタ-デ-オクシデンテ）創刊。 『現代の課題』刊行。	スペインにプリモ=デ=リベラ将軍の独裁政権成立。 トルコ共和国成立。
二四	41	『アトランティス』発表。	中国、第一次国共合作。

一九二五	42	『芸術の非人間化および小説論』発表。『観察者』第四巻	レーニン、死去。 トーマス＝マン、『魔の山』 ロカルノ条約。 スターリンの一国社会主義理論採択。 アメリカでテレビジョンの実用化。 カフカ『審判』、ホワイトヘッド『科学と近代世界』、ヒトラー『我が闘争』
二七	44	「エル＝ソル」紙に「ミラボー、即ち政治家」寄稿。『文学の精神』発表。『観察者』第五巻、第六巻。	リンドバーグ、大西洋無着陸横断飛行に成功。 ソ連、コルホーズ・ソフホーズの建設。 蒋介石、クーデタ。南京国民政府を組織。 毛沢東、井崗山に革命拠点樹立。 ハイゼンベルク、『不確定性原理』 ハイデッガー、『存在と時間』
二八	45	第二回目のブエノスアイレス訪問。チリ訪問。	パリ不戦条約。 中国、張作霖爆死事件。
二九	46	マドリッド大学に辞表を提出。	スペイン政府、マドリッド大学封

		『カント論』発表。	鎖。世界恐慌おこる。ソ連でトロッキーらの追放、スターリンの独裁体制。
一九三〇	47	講義『哲学とは何か』(一九五七年刊行)。『大衆の反逆』『大学の使命』刊行。『観察者』第七巻。	プリモ＝デ＝リベラ政権崩壊。ロンドン軍縮会議。
三一	48	「共和国奉仕集団」の結成。『共和国の修正』発表。制憲議会の代議士に選出される。	スペインでアルフォンソ一三世国外退去、第二共和制成立。サモラ大統領。満州事変おこる。
三二	49	制憲議会の代議士を辞職。「共和国奉仕集団」解散。「西欧評論」に「内面から見たゲーテ」発表。	フッサール、『デカルト随想』ポルトガルにサラザール独裁政権成立。満州国の建国宣言。日本、五・一五事件おこる。ヤスパース、『哲学』全三巻ベルグソン、『道徳と宗教の二源泉』
三三	50	『ガリレオをめぐって』発表(連続講演。この後半部を『危機の図式』として一九四二年に刊行)。	スペインでホセ＝アントニオが右翼ファランヘ党結成。フランクリン＝ルーズヴェルト、

一九三四	51	『観察者』第八巻（最終巻）。	米大統領に就任。 ヒトラー、ドイツ首相に。ナチス独裁政権成立。 日本・ドイツ、国際連盟脱退。 スペインでカタルーニャ自治独立反乱。各地で左翼系ゼネスト・暴動。 ムッソリーニ・ヒトラーの初会見。 中国共産党の長征開始。 トインビー、『歴史の研究』（第一巻） ケルゼン、『法の純粋理論』
三五	52	ローサ夫人との銀婚式。マドリッド大学在職二五年記念式。スペイン政府より叙勲、市の金メダル受賞。 講演「司書の使命」。	コミンテルン、人民戦線テーゼ採択。 エチオピア戦争勃発（～三六）。 フランスとスペインで人民戦線結成。 ベネシュ、チェコ大統領に就任。
三六	53	家族とともにフランスに脱出。九年間におよぶ亡命生活開始。当面パリに在住	スペインに人民戦線内閣成立。内戦勃発。フランコ、反乱軍総指令官に就任。

一九三八	55	ホイジンガの招待でオランダのライデン大学訪問。
三九	56	ブエノスアイレス移住。母ドロレス死去。『自己沈潜と自己改変』刊行。連続講義「人と人々」。
四〇	57	講義「歴史的理性」。「観念と信念」発表。ラジオ放送「ラテン-アメリカ随想」。
四一	58	『体系としての歴史』『愛について』刊行。

ベルリン-ローマ枢軸の結成。
日本、二・二六事件。
ケインズ『一般理論』、ゾンバルド『社会学』、フロイト『自叙伝』
ドイツ、オーストリア併合。ミュンヘン会談。
ホイジンガ、『ホモ-ルーデンス』
ヤスパース、『実存哲学』
スペイン内戦終結。フランコ、国家首席に就任。独裁権掌握。
独ソ不可侵条約。第二次世界大戦勃発。
デューイ、『文化と自由』
スペイン・ポルトガル不可侵条約。
日独伊三国同盟結成。
ユング『人格の解釈』、ラッセル『意味と真理の探求』、毛沢東『新民主主義論』
大西洋憲章発表。
独ソ戦の開始。
日本軍の真珠湾攻撃、太平洋戦争

			勃発。
一九四二	59	ポルトガルに移住。	スペインに制憲議会復活。日本軍、マニラ・シンガポールなど占領。
四三	60	『ベラスケス入門』発表。	ドイツ軍、スターリングラード戦で敗北。イタリア、降伏。カイロ会談、テヘラン会談。サルトル、『存在と無』
四四	61	リスボン大学で、講義「歴史的理性」。	連合軍、ノルマンディー上陸。ローマ・パリ解放。ド＝ゴール、パリ入城。フランス臨時政府樹立。
四五	62	9年ぶりにマドリッドに一時帰国。仮住居を設定。リスボンにも住居保持。	ドイツ・日本、無条件降伏。第二次世界大戦終結。国際連合成立。
四六	63	西欧評論社より『オルテガ全集』の刊行開始（第一、二巻）。マドリッド市内のアテネオで10年ぶりに公開講演。	ニュルンベルク、極東国際軍事裁判。インドシナ戦争勃発（～五四）。日本国憲法公布。ケインズ、死去
四七	64	『オルテガ全集』第三～六巻	フランコ、終身国家首席となる。

一九四八	65	マドリッドに人文研究所新設立。	トルーマン-ドクトリン発表。 イタリア共和国成立。 世界人権宣言。 イスラエル共和国成立。 ベルリン封鎖（～四九）。 朝鮮半島に南北の分断国家成立。
四九	66	ゲーテ生誕二〇〇年記念式典出席のため、アメリカのコロラド州アスペンを訪問。ハンブルクでもゲーテについての講演。 ベルリン自由大学で「ヨーロッパ論」講演。 人文研究所で公開連続講義「人と人々」。	NATO（北大西洋条約機構）成立。 ドイツに、東西の分断国家成立。 中華人民共和国の成立。
五〇	67	人文研究所、資金難とフランコ政権との摩擦により閉鎖。	スペイン、諸外国との外交関係逐次回復。 朝鮮戦争勃発（～五三）。 ハルトマン、『自然哲学』
五一	68	翌年までドイツに長期滞在。ミュンヘンなどで講演。	サンフランシスコ対日平和条約、日米安全保障条約調印。
五三	70	マドリッド大学を停年で退官。イギリス・ドイツなどを旅行。 講演「個人と組織」。	スターリン、死去。後任マレンコフ。 アイゼンハウアー、米大統領に就任。

			朝鮮休戦協定成立。 ハイデッガー、『形而上学入門』 ウィトゲンシュタイン、『哲学の研究』
一九五五	72	イタリア旅行。ヴェネツィアで最後の講演「中世と国民社会の理念」。 夏、北スペイン旅行。病状悪化。 10・18、マドリッドのモンテ-エスキエンサ通28番地の自宅で胃と肝臓癌のため死去。	アジア・アフリカ会議。 ソ連・東欧七か国、ワルシャワ条約機構設立。 ジュネーヴ四巨頭会談。
五七		この年より一九六〇年までに『人と人々』『ライプニッツにおける原理の理念と演繹理論の発展』『ゴヤ論』『カント、ヘーゲル、ディルタイ』『若い民族に関する考察』『体系としての歴史』（新版）『ベラスケス入門』『ガリレオをめぐって』（新版）『世界史の解釈』『ヨーロッパ論』『哲学の起源と結末』『楽土論』などが遺稿として刊行される。	ヨーロッパ経済共同体（EEC）、ヨーロッパ原子力共同体（EURATOM）条約調印。 ガーナの独立。
六一		この年から一九六九年までに西欧評論社より『オルテガ全集』第七～一一巻刊行。	経済開発協力機構（OECD）発足。
八三		オルテガ生誕一〇〇年記念として『オルテガ全集』全一二巻をアリアンサ社より刊行。	国際海洋法条約。

参考文献

●主要著作の日本語訳

『オルテガ著作集』（全8巻）——白水社　一九七〇
1　『ドン・キホーテをめぐる省察』長南実訳、『現代の課題』井上正訳
2　『大衆の反逆』『無脊椎のスペイン』桑名一博訳
3　『芸術論』神吉敬三訳
4　『危機の本質——ガリレイをめぐって』前田敬作訳、『体系としての歴史』井上正訳
5　『個人と社会——「人と人々について」』A＝マタイス・佐々木孝共訳
6　『哲学とは何か』生松敬三訳、『愛について』荒井正道訳
7　『世界史の一解釈』小林一宏訳
8　『小論集』生松敬三・桑名一博編
「観念と信念」井上正訳、「思考についての覚え書」井上正訳、「ヨーロッパ論」生松敬三訳、
「司書の使命」会田由訳、「ドン・ファアン入門」鼓直訳
『哲学の起源』佐々木孝訳——法政大学出版局　一九六六
『反文明的考察』西澤龍生訳——東海大学出版会　一九六八
『現代文明の砂漠にて』西澤龍生訳——新泉社　一九七四
『大衆の反逆』（世界の名著　56巻）高橋徹責任編集——中央公論社　一九七一

●研究書などの日本語文献

『ウナムーノ著作集』（全5巻）佐々木孝他訳——法政大学出版局　一九七二

木庭宏著『ハイネとオルテガ』――松籟社 一九九一
色摩力夫著『オルテガ――現代文明論の先駆者』（中公新書）――中央公論社 一九八八
P・ライン・エントラルゴ『スペイン一八九八年の世代』森西路代・村山光子・佐々木孝共訳 れんが書房新社 一九八六
P・ヴィラール『スペイン史』藤田一成訳――白水社 一九九二
P・ヴィラール『スペイン内戦』立石博高・中塚次郎共訳――白水社 一九九三
メネンデス・ピダル、ガニベーノ、ライン・エントラルゴ『スペインの理念』橋本一郎・西澤龍生共訳――新泉社 一九九二
J・ソペーニャ『スペイン――フランコの四〇年』（講談社現代新書）――講談社 一九七七
増田義郎監修『スペイン』――新潮社 一九九二
O・シュペングラー『西洋の没落』（二巻） 村松正俊訳――五月書房 一九八九
P・ブラントリンガー『パンとサーカス』小池和子訳――勁草書房 一九八六
H・ピレンヌ『ヨーロッパ世界の誕生――マホメットとシャルルマーニュ』増田四郎監修、中村宏・佐々木克巳共訳――創文社 一九六四
H・ピレンヌ、『ヨーロッパの歴史――西ヨーロッパ帝国の解体から近代初期まで』佐々木克巳訳――創文社 一九九一
クリストファー・ドーソン『ヨーロッパの形式』野口啓祐他訳――創文社 一九八八
H・ヘルビック『ヨーロッパの形成』石川武・成瀬治共訳――岩波書店 一九七〇

●原書文献

José Ortega y Gasset : *Obras completas*, 12 tomos, Alianza Editorial, Madrid, 1983
José Ortega y Gasset : *Gesammelte Werke*, 6 Bände, Deutsche Verlags Anstalt, Stuttgart, 1978

José Ortega y Gasset : *Cartas de un joven español* (1891〜1901) , Fundación José Ortega y Gasset, 1991
Epistolario completo Ortega-Unamuno, Fundación Ortega y Gasset, 1991
José Ortega y Gasset : *The Revolt of The Masses*,W. W. Norton & Co. Inc., New York, 1957
José Ortega y Gasset : *Mediations on Quixote,* W. W. Norton & Co. Inc., New York, 1963
José Ortega y Gasset : *Man and Crisis*, W. W. Norton & Co. Inc. New York, 1962
José Ortega y Gasset : *History as a System*, W. W. Norton & Co. Inc., New York, 1962
José Ortega y Gasset : *An Interpretation of Universal History*, W. W. Norton & Co. Inc., 1975
Julián Marias : *Ortega* * *Circunstancia y Vocación*, Alianza Editorial, Madrid, 1960
Julián Marias : *Ortega* ** *Las trayectorias*, Alianza Editorial, Madrid, 1983
Julián Mauias : *Acerca de Ortega,* Espasa Calpe, Madrid, 1991
Jośe Ferrater Mora : *Ortega y Gasset, An outline of his philosophy,* New Heaven, Yale University, 1957
Carlos Ramos Mattei : *Ethical self-determination in Don José Ortega y Gasset,* Peter Lang Inc., New York, 1987
Rockwell Gray : *The Imperative of Modernity*, University of California Press, 1989
Andrew Dobson : *An Introduction to the Politics and Philosophy of José Ortega y Gasset*, Cambridge University Press, Cambridge, 1991
Americo Castro : *España en su historia,* Editorial Rosada, 1948
Americo Castro : *La realidad histórica de España,* Editorial Porrua, 1962
Salvador de Madariaga : *España*, Espasa Calpe, 1978 (Edicion definitiva)
Claudio Sánches-Albornoz : *España, un enigma historico*, 1956
Robert Bartlett : *The Making of Europe*, Penguin Books, 1994

Richard W. Southern : *The Making of the Middle Age*, Hutchinson's University Library, London, 1953

さくいん

【人　名】

アインシュタイン……四・六二
アウグストゥス……一五四
アサーニャ……四一・五四・六九・七〇
アソリン……五・二九
アヤラ……一八・五九・六六・七六
アルフォンソ一二世……二五
アルフォンソ一三世……二七・五一・五四・六五
アルベルティ……五九
アルボルノス……一四六
アントニオ、ホセ……五五・七〇
イグレシアス……四一
イサベル一世……三・四・五六
イサベル二世……二五
ヴィラール……五五・一四九
ヴェーバー、マックス……一五五
ウナムノ……五・二九・三一・六九・一〇四
ウルゴルティ……四六・六九
エクスクル、フォン……五八
エンゲルス……五〇
エントランゴ……二九
オカンポ……七九
オルテガ(ガセット)家
エドゥアルド(祖父)……一四・一五・四五
エドゥアルド(兄)……一八・七六
ソレダード(娘)……六一・七八・八四
ローサ(夫人)……三一・三四・七四・七八・九八
ドロレス(母)……一四・三五
ホセ(次男)……八四・八七・九〇
ミゲル(長男)……三六・八四・九〇
ムニーリャ(父)……一四・一五・二〇・三九・七八
リカルド=ガセット……四六
カエサル……三・一八八
カステロ、アメリコ……一四六
カナレハス、ホセ……三七
カミュ……五
カルロス一世(カール五世)……三・一四四
カルロス四世……二五
カルロス、ドン……二五
ガリレオ……六四・七三
カント……二一～二三・二九・三七・一〇四・一三八
キルケゴール……六〇
キローガ……七一
クラウゼ……二八・三七・三九・一〇四
クリスチーナ、マリア……二五・二七
クルティウス……九二・九七
クレオパトラ……三
グレコ、エル……四・一二四
ケインズ……一四
ゲーテ……一九・九一・一三九
コーエン……二二・一〇四・一七三
コスタ、ホアキン……二五・二六・二八・四一
ゴデー……七二
ゴヤ……四
コルテス……四
コロンブス(コロン)……四
ゴンサレス……四
サガスタ……二七
サモーラ、アルカラ……五四・六六・七〇
サルメロン……三六
シェーラー……六〇・一八九
シャルルマーニュ大帝……一四〇・一四三
シュヴァイツァー……九二
シュペングラー……五・五八・六五・一五五
シューマン……二〇
ジンメル……二一・五九・一〇四
スアレス……四
スペンダー……九二
セネカ……三
セルバンテス……四・三一・四八・一二八
タリク=ベン=セイヤット……三
ツウィングリ……二二
ディケンズ……一二九
ディルタイ……二三・一六四
デカルト……六三・六四・一三八・一六七
デュルケーム……一五五
トインビー……五八・九六・一四〇・一四五・一八七
トクヴィル……五八・一五五
ドストエフスキー……一二九
ドナテルロ……一三八
ドブソン……四二

ドミティアヌス……一五四
トラヤヌス……三
ナトルプ……二一・三九・一〇四・一七三
ナバロ、フランシスコ……二〇
ニーチェ……一九・二九・五八・一五五・一八四
ニュートン……六四
ネルソン……二五
ネロ……三
ハイゼンベルク……九一
ハイデッガー……六二・九一・九七・一六四
バーク……一八五
バクーニン……五〇
パスカル……一五〇
バッハ……二〇
バルザック……一二九
バローハ……五・三〇・五九
ハンニバル……三
ピカソ……四・七二
ピサロ……四
ピダル……七六・一四六
ヒトラー……六・七一・七二
ヒネル、フランシスコ
……二四・二八・三四・三九
ピピン……一四三
ヒメネス……五・三〇・三一
ビリアト……三
ピレンヌ……五・一四三
フアン=カルロス一世……四・六一
フィゲーラス……二五
フィヒテ……二九・六〇
フェリペ二世……三・一六・五六
フェルナンド……三・五六
フッサール……六〇
プラトン……一二四・一三八
フランコ……四・六・五五・七一・八八
プリモ=デ=リベラ
……七・五一・六五・一〇五・一八四
フルホ、サン……七一
ブレンターノ……六〇
フロイト……六〇・一五五
フローベール……一二九
ヘーゲル……二九・六〇・九六・一〇四・一三八
ペスタロッチ……二四
ベナベンテ……三〇
ペプケ……九二
ベラスケス……四
ベレンゲール……五四
ペロン……八〇
ホイジンガ……五・七七
ボルヘス……七九
ボルン……五八
マエストゥ……三〇・四一
マジェーア……七九
マダリアガ……一四六
マチャード……五・三〇・三一・四一・七六
マラニョン……六六・七六
マリアス、フリアン……
二三・四八・六〇・八四・八五・九〇・一〇五
マルクス……一四・四二・五〇・一七四
マン、トーマス……九四
ミケランジェロ……一三八
ミラボー……一八五
ミル、J=S……一七九・一八三
ムッソリーニ……六・一四・七一・七二
メーテルリンク……三三
メンデルスゾーン……二〇
モーツァルト……二〇
モーラ……一〇三
ユング……六〇
ライプニッツ……一三八
ラーシュ……一九三
ラッサール……一七九
ラッセル……六〇
リオ、フリアン=サンス=
デル……二八
ルター……二三
ル=ボン……一八四
レッシング……一九
ロブレス……七〇
ロルカ……六〇
ワイルダー……九二
ワグナー……一九

【地　名】

アスペン……九一・九七
アフリカ……八・一四九
アムステルダム……七七
アリカンテ……七七
アンダルシア……五六・一二七
エスコリアル……一六・一七・一〇六
エストリール……八四
カスティーリャ……五六
カタルーニャ……
二七・五〇・五二・五六・六八
クリプターナ……一三三
ゲルニカ……七二
サバデル……五〇
サン‐シドロ(墓地)……九九
サンチアゴ……五〇
シェルブール……七八
セビリャ……一二七
デルフト……七七
デン‐ハーグ……七七
バスク……二七・五六
パドロン……一五
パリ……七七
バルセロナ……五〇
バレンシア……五〇
ビスカヤ……五七
ビルバオ……五〇
ブエノスアイレス……七八・八四
ベルリン……一九・二一
ポルティミャオ……七七
マドリッド……
三・一四・七六・八二・八五・八六・九〇
マールブルク
……一九・二一・三一・三六・三八
ライデン……七七
ライプツィヒ……一九・二一
ラ‐マンチャ……一二七・一九五
リスボン……八四
ロタリンギア……一四三
ロッテルダム……七七

【事項・作品】

『愛についての研究』……九五
アウラ‐ヌエバ(新教室)……九〇
アテネオ……五三・八八
アナーキズム……五〇
アミゴス‐デル‐アルテ……七八
イエズス会……一八・六七
イスラム……一四〇・一九一・一九六
イデア……一一四
「エウローパ」誌……四五
「エスパーニャ」誌……四五
エリート主義……七・一八四
「エル‐インパルシアル」紙
……一四・二一・三二・三三・四二・四五
『エル‐エスペクタドール』
……四七
「エル‐ソシアリスタ」紙……一七二
「エル‐ソル」紙……四六・五五・六四・六八
「エル‐ルネス」紙……一四
遠近法(パースペクティヴ)
……七・一八・三二・一〇五・一一一・一一四
王政復古……二五・一二七・一四三・一六六
王党派……五四
『オルガス伯の埋葬』……一四
オルテガ財団……七・六〇
学生会館……六二
カシケ政治……一二六
『ガリレオをめぐって』
……七二・一〇七・一六三
カルリスタ戦争……一二五
環　境……一〇九
慣　習……一〇九・一六九
『危機の図式』……七二・一〇七
「紀元一〇〇〇年の恐怖」
……一九・三二
貴　族……六一
貴族主義……七・七二
『共産党宣言』……四二
共和国奉仕集団……六六・六九
ギリシャ・ローマ文明
……一四一・一四二・一六四
キリスト教……一二五
『グローサス』……三二
「クリソル」誌……六九
軍事蜂起……二七・五二・七一
ゲーテ生誕二〇〇年祭……九一
ゲルマン人(民族)……一二五・一三六
「ゲルマンの霧」……一三六
顕在的世界……一一三
『現代の課題』……六二・一〇六・一六六

高等師範学校……三三・三八
『国粋精神をめぐって』……三一
国民国家……一八六
『個性的批評について』……三三
コンキスタドーレ……四
サンチョ＝パンサ……一二九
『自己沈潜と自己改変』……八一・一〇九
『司書の使命』……七四・一〇七
市民教育論……二四
周縁部（国家）……三八・五九・六三
自由教育学院……二四・二八
自由主義……一八〇
修道院放火事件……六七
自由放任主義経済……一七九
新カント学派……七・二一・二三
『神秘の詩人』……三三
人文研究所……九〇・九六・一四〇
人民戦線……七一・七四・一〇七
スペイン自治右翼連合……七〇
スペイン社会党……四一
スペイン全国労働総同盟（UGT）……六七
スペイン全国労働連合（CNT）……五〇・六七
スペイン地形……一五〇
スペイン内戦……六・七四
「西欧評論」誌（社）……五九・六一・七四・八七・九五・九八
制憲議会……六六・一七二
政治教育連盟……三九・四二・四五
正当性……一〇九
『西洋の没落』……五八・九六・一五五・一六〇
生の理性……七・一八・三七・六三・六五・一〇六・一〇八・一一八
「世界を支配しているのは誰か」……一五六
『世界史の一解釈』……九六・一〇七・一四〇・一八七
世代……一〇九・一六三
一八九八年の世代……四・八・二八・二九・三七・一〇四
一九一四年の世代……五九
相対主義……六三・一一五・一一九
第一インターナショナル……五〇
第一次世界大戦……三三・四四・四八・一〇五
『大学の使命』……一〇九
『体系としての歴史』……七三・一〇七
大航海時代……四
『大衆の反逆』……五・六・八・四二・五七・六五・九五・一〇七・一〇九・一五五・一五九・一六三・一九二
第二共和制（国）……五四・六六・一〇七
第二次世界大戦……七八・八六
地域分立主義……二七・五四・五五・六八・一〇七
『着衣のマハ』……四
『中世の秋』……五
超民主主義……一〇九
テアトロ‐コメディア……四〇
デウスト大学……一九
『哲学の起源』……八六
テルトゥリア……九・一五・六二・九〇
『天国のアダム』……二三・一〇五
東方正教会社会……一四〇
トリクル‐ダウン理論……一七六
『ドン＝キホーテ』……四・一五・一三三
『ドン＝キホーテに関する省察』……一七・四八・一〇五・一〇八
『ドン＝ファアン入門』……一二八・一三三
ナチズム（ナチ政権）……六・三七
西ゴート族……一三七・一四八
「二〇世紀思想ライブラリー」……五七・六一
ノブレス‐オブリジュ……一六一
バクーニン主義者同盟……一五〇
ハプスブルク王家……三
『ハムレットとドン＝キホーテ』……一二七
パンとサーカス……一五四
東ゴート族……一三七
ビザンティン社会……一四〇
「ビダ‐ヌエバ」誌……三三
『人と人々』……八一・八六
ヒホン……九
ピレネー山脈……八・一四九
ヒンドゥー社会……一四〇
ファシズム……一六二・一六七・一八四
ファシスト独裁政権……六
「ファロ」誌……四五
仏　教……一二四
フランキスモ……六
フランク族……一三七・一四八
フランス革命……六四
ふるいの理論……一一五
『古くて新しい政治』……四〇・四三
ブルボン王家……三
文　化……一二六

フンタ……五〇
『平和主義について』……一九〇
『ベラスケス入門』……八五・一〇九
ボルシェヴィキの三年間…四九
ホロコースト……九五
ファランヘ党……五五・七〇・八六
マドリッド大学……七四・七六
ミヌティオ……一二五
『ミラボー、即ち政治家』……六四・一〇七・一八五
民主主義……一八一
『無脊椎のスペイン』……四二・五五・六五・一〇八・一五一
メリトクラシー……一九四
ユートピア……一一八
ヨーロッパ合衆国……八・一九一・一九三
『ヨーロッパ世界の成立』…五
ヨーロッパ連合（EU）……八・一四五
『ヨーロッパ論』……九五
『ライプニッツ理論の理念』……八六
「ラテンの明晰」……一三六
ラテン民族……一三六
「ラ-ナシオン」紙……七七
理性主義……六四・一一五・一一九
『ルナン』……一三・一〇五
『歴史的理性』……八一・八五・一〇七
『歴史の研究』……九六・一四〇
レコンキスタ……三・一四九
鹿鳴館……一四
ワイマール憲法……五四・六六
「私は私と私の環境」……七・一八・二三・四九・六五・一〇二・一九二

オルテガ■人と思想138　　定価はカバーに表示

1996年 8 月28日　第 1 刷発行©
2014年 9 月10日　新装版第 1 刷発行©

・著　者 ……………………………………渡辺《わたなべ》　修《おさむ》
・発行者 ……………………………………渡部　哲治
・印刷所 …………………………法規書籍印刷株式会社
・発行所 …………………………株式会社　清水書院

検印省略

落丁本・乱丁本は
おとりかえします。

〒102-0072　東京都千代田区飯田橋3-11-6
Tel・03(5213)7151～7
振替口座・00130-3-5283
http://www.shimizushoin.co.jp

CenturyBooks

Printed in Japan
ISBN978-4-389-42138-0

CenturyBooks

清水書院の〝センチュリーブックス〟発刊のことば

近年の科学技術の発達は、まことに目覚ましいものがあります。月世界への旅行も、近い将来のこととして、夢ではなくなりました。しかし、一方、人間性は疎外され、文化も、商品化されようとしていることも、否定できません。

いま、人間性の回復をはかり、先人の遺した偉大な文化を継承して、高貴な精神の城を守り、明日への創造に資することは、今世紀に生きる私たちの、重大な責務であると信じます。

私たちがここに、「センチュリーブックス」を刊行いたしますのは、人間形成期にある学生・生徒の諸君、職場にある若い世代に精神の糧を提供し、この責任の一端を果たしたいためであります。

ここに読者諸氏の豊かな人間性を讃えつつご愛読を願います。

一九六七年

清水 梼山

SHIMIZU SHOIN